法学教育的人文精神

Faxue Jiaoyu De Renwen Jingshen

韩大元 著

图书在版编目（CIP）数据

法学教育的人文精神/韩大元著.—北京：知识产权出版社，2018.6
ISBN 978-7-5130-5351-8

Ⅰ.①法… Ⅱ.①韩… Ⅲ.①法学教育-关系-人文科学-研究 Ⅳ.①D90②C

中国版本图书馆CIP数据核字（2017）第318222号

责任编辑：齐梓伊	责任校对：王 岩
封面设计：张 悦	责任印制：刘译文

法学教育的人文精神

韩大元 著

出版发行：	知识产权出版社有限责任公司	网 址：	http://www.ipph.cn
社 址：	北京市海淀区气象路50号院	邮 编：	100081
责编电话：	010-82000860 转 8176	责编邮箱：	qiziyi2004@qq.com
发行电话：	010-82000860 转 8101/8102	发行传真：	010-82000893/82005070/82000270
印 刷：	北京嘉恒彩色印刷有限责任公司	经 销：	各大网上书店、新华书店及相关专业书店
开 本：	880mm×1230mm 1/32	印 张：	9
版 次：	2018年6月第1版	印 次：	2018年6月第1次印刷
字 数：	210千字	定 价：	39.00元

ISBN 978-7-5130-5351-8

出版权专有　侵权必究
如有印装质量问题，本社负责调换。

人文精神：从宪法价值到法学教育（自序）

本书收集了本人担任中国人民大学法学院院长期间有关法学教育与人文精神的部分集锦，由四个部分组成：在人大法学院新生开学典礼上的致辞、在毕业典礼上的致辞、时评随笔和记者采访录。它既体现我个人对法学教育价值的认识和追求，也是对法学教育工作中积累的一点体会。

以人的尊严为核心的人文精神原本是人文主义（humanism）哲学思潮和思想体系的重要组成部分。应该说，作为一种哲学和一种理论体系，人本主义原本是文艺复兴时期新兴资产阶级为反封建反教会斗争而提出来的思想体系、世界观或思想武器，但其中包含了对人的个性的关怀，注重强调维护人类的人性尊严，提倡宽容的世俗文化，反对暴力与歧视，主张自由平等和自我价值的人文主义精神却为人们所普遍接受。这种精神，即使在今天，也没有因为科技的发展和社会的进步而失去其应有的意义，恰恰相反，人们愈加需要面临人文精神的拷问。事实上,随着科技的进步,人类面临的风险更大,面临的问题也更为复杂,例如,科技发展带来的食品安全问题、环境恶化的问题、社会伦理的冲突和重构的问题,以及互联网和人工智能发展带来的人的隐私和表达自由冲突、人格异化、传统的安全观变迁等问题都涉及对人的尊严的挑战。这些问题的解决,需要人类始终以人性、人的尊严为基础,捍卫人性,不能把人性边缘化。

应该说,人文主义精神一经产生就深深地影响着所有的学科研究,它为所有学科体系提供了人文主义的精神价值基础。作为法学,更是如此。法学,作为一种追求社会共识的学问,就必须以人的尊严为价值基础。宪法是人类最伟大的发明之一,它改变了人类传统的治理模式,赋予传统的统治哲学以人文的价值和精神,使以人为本从一般哲学思想提升为宪法治理的基本理念。人文精神作为宪法的精神特性始终指导和影响着宪法制度的发展,并把国家和社会生活引导到人性关怀的基础之上。宪法存在的目的就在于充分尊重和保障个体的主体性和尊严。人文主义精神为法律制度提供了实体性的价值内涵,避免了法的过于形式化。无论是在西方历史上,还是在我们的社会治理实践中,都有许多教训可循。我们应当记住:人们曾经过于强调法学的形式化,弱化了它的内在的价值追求,把法律只看成是一种统治工具,最后的结果是以法治之名大肆践踏人的尊严。我们应当树立这样一种观念:在社会发展中要更加突出人文价值,使尊重和保障人的尊严成为国家的基本价值观。

法学教育,其任务是传播法的理念和知识,就应当把人文精神贯穿于整个过程,在人们的头脑中形成一种人文主义精神的价值共识,才能使其成为一个名副其实的以追求人的尊严、实现社会公平正义为己任的法律人。不仅法律人应当如此,普通人其实也应当如此,也只有这样,人文精神才有可能成为整个社会的精神追求与道德力量,也才有可能避免法律形式化。

不仅在认识上如此,我还身体力行,努力在法学教育实践中体现这种精神。在每年自己指导的学生毕业时,我都会送上"健康、自信、宽容、责任"八个字,在法学院的新生开学典礼和毕业典礼的致辞时都会以人文精神为主题。应该说,对法学教育人文精神的追求是作为法学教育工作者的基本要求与目标。

特此编辑本书,以作纪念并希望继续发扬光大。在本书文稿的整理过程中,华南理工大学法学院夏正林教授、中国人民大学食品安全治理协同创新中心助理孟珊协助作者做了整理文稿、文字校对等工作,特此表示感谢。

韩大元
2017 年 8 月

目录

第一部分　法学的入门与期待　/ 001

金秋的欢迎与期待　/ 003

法律人的诚信与宽容　/ 007

坚守诚信的价值理念　/ 016

做一名有爱心的法律人　/ 024

做一个真实而充满想象力的法律人　/ 031

做一名讲真话的法律人　/ 038

传承人大法律人的精神品质　/ 044

我们为什么需要法学院　/ 051

第二部分　法学的祝福与勉励　/ 059

人大法律人的追求与梦想　/ 061

人大法律人的爱心与自信　/ 066

对毕业生想说的几句话 / 073

做一名内心纯净的法律人 / 080

寄语法学院2013届毕业生 / 088

校友与缘分 / 090

你们留给法学院的美好记忆 / 096

法律人心中的爱 / 100

祝福人大法律人：追求爱与幸福 / 104

第三部分　法学时评随想 / 109

如何成为合格的人大法律人 / 111

坚持法学教育的人文价值 / 126

社会主义法治理念与法学教育 / 130

律师教育与法学人才培养模式 / 134

法学教育的公益性及社会责任 / 138

以法治思维引领中国教育发展 / 143

当代法学教育改革趋势 / 148

法学教育改革的理念与发展趋势 / 159

坚持"以人为本"法治新理念 / 164

国际型法律人才，如何培养 / 168

全球化背景下中国法学教育面临的挑战 / 175

宪法教育是法治教育的基础 / 184

公法使命与公法教育的未来 / 187

人类尊严、文化多样性与法治 / 191

第四部分　法学教育采访录　/ 195

培养具有国际性和人文情怀的法学人才　/ 197
教学育人　师者本分　/ 223
"淡出退出"见真章　/ 230
居安思危　锐意创新　/ 238
韩大元院长访谈录　/ 250
"法学院毕业生就业难"是伪命题　/ 258
做个仍然有梦的水手　/ 261

第一部分
2009~2016

法学的入门与期待

金秋的欢迎与期待[*]

——人大法学院2009年新生见面会致辞

各位老师、各位家长、亲爱的同学们:

大家下午好!

今天,我们在这里隆重举行中国人民大学法学院2009~2010学年新生开学典礼。首先,请允许我代表法学院全体师生,向来自五湖四海的新生同学表示衷心的祝贺和热烈的欢迎!我要特别向在苏州国际学院学习的100多位法学院新生表示欢迎,虽然他们此刻身在千里之外的苏州,但我相信他们在苏州校区同样会感受到在京的全体师生们的良好祝愿!同时,我还要代表法学院向各位新生家长表示诚挚的问候和衷心的感谢!我深知,为了孩子的学业,家长们付出了辛勤的劳动和汗水。同学们选择人大法学院,也包含着你

---

[*] 2009年9月13日。

们父母对人大法学院的信任。今年的开学典礼把部分家长请来,就是为了表达我们对各位家长的敬意和感谢。

每年的毕业典礼和开学典礼是法学院学生们共同关注和期待的活动。人大法学院的毕业和开学典礼更是展现法学院的学术传统、感受法学院文化的重要仪式,体现着浓郁的文化气息,充盈着只有人大法律人才能感受到的浓浓情谊。在今年的毕业典礼上,面对即将走上工作岗位的同学们灿烂的神情、对未来期待的目光,我们老师们既感到欢喜,但同时也有依依不舍的惜别之情。看到有的老师和同学依依惜别的情景,我作为院长,心中也着实有一点伤感。我深深地为同学们对人大法学院的信任与情义所感动,也为同学们为人大法学院留下的欢乐与美好记忆而心存感激。

在今天的开学典礼上,我们看见了新同学充满幸福、充满期待与充满自豪的神情。你们的到来,使沉寂两个多月的校园又一次沸腾起来,增添了新的朝气;你们的到来,也使明德法学楼又有了新的面孔和青春的活力。

作为法学院的院长,我很想问新入学的同学们,在那么多的法学院中你为什么选择了人大法学院?人大法学院最吸引你的地方是什么?也许人大法学院在两次教育部组织的学科评估中蝉联第一吸引了你们;也许宽敞大气的明德法学楼感染了你们;也许杰出校友的表现感动了你们——这些答案都不算错,但人大法学院最有吸引力的地方在于:她有着经过近60年岁月形成的学术传统与文化底蕴、有着一批优秀的学术团队、有着人大法律人引以自豪的"人大法律人"的共同体,有着始终追求卓越的一流学生。这种学术、文化和传统的力量,才是支撑着人大法学院经久不衰的精神力量,也是凝聚天下英才的真正缘由。

在这里,你们能够领悟法学院的历史与文化传统。经过60年的发展,我们拥有了值得自豪、受人尊敬的深厚文化底蕴、办学特色和学术传统。经过60年的积累,人大法学院全体师生产生并不断强化了彼此间的共同体意识和集体归属感。人大法律人是我们值得自豪的共同名字。

在这里,你们可以从德高望重的老一辈学者、一批中青年学术带头人身上感受到执着、质朴与真诚;正是靠着这种执着、质朴与真诚,才使他们始终追求真理,坚守学术自由的价值,始终站在时代的前列,推动着共和国法治的发展和法学教育的兴盛。

在这里,你们将体会作为人大法律人的责任、使命、自豪,将体验理性、宽容、自信、开放的实践理念的意义,确立一种以奉献社会为己任的人生责任。人大法律人,首先要有健全的人格、高尚的品质和诚实做人的道德。为此我们将开设法律职业伦理、法律职业道德等课程。当然,人格的塑造和培育不能完全靠知识的灌输,更要靠自我素养的提高,从人生观上崇尚法治,从细节做起实践法治的价值。因为法治不仅是一种理想,更重要的是实践过程,我们需要在生活细节中学会实践法治的能力与方法,尊重规则,维护法治的价值。纯洁的学风与校风是大学文化的品质与生命,诚实做人是法律人的基本伦理和道德。在崇尚法治的人大法学院文化熏陶中,你们要学会在细节中发现法律问题,养成在细节中维护法治尊严的习惯和素质。

在这里，你们可以从一大批杰出校友和在平凡岗位上默默奉献的学长们身上感受到把人文情怀、崇尚法治、追求真理、奉献社会的精神融入事业中去的豪情；正是靠着这种精神，才使他们在任何时候、任何诱惑面前，坚持本分做人、心怀人权的价值、追求公平正义，推动着社会的发展和文明的进步。

在这里，你们将体验到法律世界的多样性与法学知识无穷的魅力。同时，你们还将通过各种学术讲座，感受中西法律文化的交融、多元文化、多元文明存在的意义以及由此产生的强大的文化力量。无论是本科生同学还是研究生同学，大家都要及时调整好角色定位，敢于迎接挑战，从以往那种别人"要我学"的被动局面，改变为"我要学"的主动状态，勤学多思，使自己的学习生活充实而有意义。

同学们，你们选择了人大法学院就是选择了人大法律人的共同体，希望你们在这个神圣、宽容、温馨而充满专业精神的共同体里，学会独立生活、独立思考、独立承担责任，唯有这样，你们才能成为受人尊敬的法律人。希望你们把学习专业知识和树立人文理念结合起来，用闪烁着人文关怀的理念去设计自己的人生，唯有这样，你们才能成为一名公平、正义、廉洁的法律人。

同学们，明年这个时候，也就是当你们二年级的时候，将参与和见证人大法学院的60周年院庆，你们很幸运，赶上了这个盛典。让我们共同努力，分享人大法律人的荣誉与骄傲，共同期待一个受人尊敬的法学院带来的无限荣光，以优异的成绩迎接我们人大法律人的共同节日——法学院成立60周年！

最后，祝愿你们在校园生活的每一天健康、快乐、幸福！

谢谢大家！

法律人的诚信与宽容*

——人大法学院 2010 年新生见面会致辞

各位老师、各位家长、亲爱的同学们：

大家好！

金秋时节，是大学校园里最富有激情、最充满活力，也是最充满期待的时刻，因为在这个季节，我们将迎来新一代人大法律人，你们的到来使法学院增添了新的力量，将使法学院迸发新的活力！在此，我谨代表法学院全体教职员工，向你们表示最诚挚的祝贺和最热烈的欢迎！感谢同学们选择人大法学院，感谢各位家长对人大法学院的信任。远在苏州的新生们，虽然你们不能参加北京校区的开学典礼，但我相信你们会感受到北京校区师生的问候与情谊。

每年的开学典礼，我都在想一个问题，今天也想把这个问题提

---

* 2010 年 9 月 15 日。

给大家：全国有600多所法学院，在北京也有很多著名的法学学府，那么同学们为什么选择人大法学院？答案可能是不一样的，或是因为那些仰慕已久的法学界泰斗，或是因为全国排名第一的荣耀，或是因为明德法学楼先进的教学设备，或仅仅是因为周围老师、家长和同学的推荐。无论答案如何多样，但有一点也许是大家的共识，刚才龙老师一一介绍各位老师时，大家的表情告诉我，大家找到了人大法学院成为一流法学院的真正原因。人大法学院之所以在全国排名第一，之所以受到人们的尊重，最重要的是我们拥有一流的师资队伍，从80多岁的老教授到80后的年轻教师都奋战在教学第一线，60年来，他们为共和国的法治建设、法学教育和法学研究作出了重要的贡献。

2010年，对人大法学院具有特殊的意义，我们将在今年10月迎来法学院60周年华诞。在你们报到的第二天，9月9日，胡锦涛总书记来到人民大学，到法学院观看了60年院史展，高度评价了人大法学院60年来取得的成就，勉励我们在社会主义法治国家建设中再立新功。各位新同学一入校，就赶上了法学院60周年院庆，希望你们能从人大法学院60年的发展历程中深切感受人大法律人的自豪与责任。

入学之前，你们来自五湖四海，有着不一样的生活经历，不一样的性格特质；但是，从今日起，从此时此刻起，你们都将拥有同样的名片——人大法律人，人大法学院也将从此与你们同在，一代代人大法律人的拼搏与进取精神将在你们身上传承。我相信，通过你们的拼搏与奋斗，必将在这里谱写出最壮美的青春篇章；你们心中激荡的梦想，也必将在这里实现。

可能很多同学都已经注意到，我多次提到人大法律人这个概念。也有同学问过我，到底什么才是人大法律人的内涵，难道仅仅是在人民大学法学院读书就能够成为人大法律人吗？答案当然不会这么简单。首先我先解释一下什么是"法律人"。闻名于世的古罗马名著《法学阶梯》中有一句话："法学乃正义之学。"法律人，从事法律职业的共同体。作为法治理念最忠实的践行者和实施者，理应成为社会正义的捍卫者。法律人首先是作为社会个体意义上的个人，是拥有独立思想、独立人格和独立尊严，追求自由的主体。学会做人是成为法律人的第一步，懂得做人之道理，是你们今后无论是在法律领域还是人生的各个阶段首先要学习的一堂课。只有当你们真正做到有良知、有正义感，加之拥有成熟的法律思维时，才能成为真正的法律人，我们所捍卫的法律才能发挥其维护社会正义的最大效用，才能真正维护社会上所有人的神圣性、尊严性，实现人的价值性以及人在社会中崇高的价值目标。

60年的征程铸就了人大法学院的特殊气质，这60年的风雨又给予了人大法律人什么样特殊的品质和精神呢？作为人大法学院的一名老师和院长，我认为：诚信、宽容、自信及人大法律人所特有的气质是人大法律人精神的一种概括。

人大法律人之精神，在于诚信。正所谓"国无诚不治，家无诚不和，业无诚不兴，人无诚不立"，而作为法律人，诚信更是重中之重。因为，只有每一个法律人做到自身的诚信，才能维护社会的公平与正义，才能实现法律人所追求的理想与目标。

人大法律人之诚，在于对真理的追求，在于对法律的遵守；人大法律人之信,在于平衡纷争之公正,在于利益取舍之不偏不倚。因此,无论以后你们从事什么职业,内心中保持着的那份诚信的光芒必将照亮你们前方的道路,决定着你们事业的成败。

谈到诚信,我不得不提校园生活中存在的"考试作弊"问题,也许开学第一天提作弊问题,有的同学不一定理解。虽然人大法学院已经三个学期保持了"零作弊"的记录,但我心中还是不踏实,传统的作弊方式没有了,但是不是还有我们没发现的高科技作弊方式呢?在法学院为什么不能实行"无监考"制度?作为院长我一直有这样的理想,但实行起来很难。在前两天举行的国家司法考试中,为了防止考生作弊,司法部和其他部门采用了一些高科技的防作弊方式,例如无线电监测车、便携式检测仪器、无线耳机检测器,目的是让作弊者无处遁形。看到这个报道,我心情是很沉重的,什么是司法考试?司法考试是希望从事法律职业的资格考试,也就是要考察应试者是否有资格成为维护社会公平正义的法官、检察官、律师,这样的一种考试,仍需要运用高科技的手段防止考生作弊,那么公众会有什么样的心态呢?公众怎么会相信未来的法官、检察官的公平诚信?怎么会信仰法治?对于选择学习法律的同学们而言,我觉得诚实不仅仅是一个抽象的价值理念,而是要成为生活的信条,像身体中流淌着的血液一样。

也许有同学认为,考试作弊跟人的品质没有直接关系,也许有人会举出许多客观事实来论证引起作弊的制度的不合理因素,但是这些都不应该成为你作弊的理由。因为,作弊已经触及一个具有完整人格的人的道德底线。今天,你在考场上作弊,明天,也许就要在职场上作弊,而最终你便有可能在人生的旅程中作弊,此时,便不再是一个具有完整人格的人,更勿论法律人了。因此,我希望,从今天起,从你们成为人大法律人起,开始摒弃作弊的想法,真正做到诚信。我不要求你们都做到每日三省吾身,但起码要做到认认真真做人,踏踏实实做事,肩负起对自己、对家人、对社会的责任。

人大法律人之精神,在于宽容。什么叫宽容?宽容就是宽大,有气量、不计较,对事很大度,法律人如果没有这种宽容,那他不可能成为一个成功的法律人,尤其是在人大法学院,宽容不仅是我们信奉的人生哲理,也是我们人生的最高境界。只有感受到宽容的人,才能感受到快乐。同学们,我们这个时代,虽然科技发展、经济繁荣、物质丰富,但我们总感觉生活中缺了一个东西,那就是一种相互宽容的精神与互信,缺乏一种尊重生命的宽容文化。由于缺乏宽容,我们在现实生活中无法建立互信的社会机制,人和人之间,甚至某些地方政府和民众之间也存在相互的猜疑、紧张关系,造成社会的不和谐。

作为法律人,在以后的法律实践中,要有人文情怀,在坚守法律之公正的同时,心怀仁爱之心,接受差异性,以开阔的眼光与胸怀,与人和善,为人排忧。我们要始终把人性价值的实现、人权的维护、人权文化的普及作为法律人的一个基本职业要求,作为我们法律人的道德追求。在治学上,当今的法律学习不能把眼光局限于一院、一校,甚至一国,我们要有开阔的胸怀和眼界,放眼世界,树立世界公民意识,体会和感受各种法律思想的冲击,汲取精华,借鉴经验,为国家法治建设添砖加瓦。

当然,这个宽容更多地体现在我们的日常生活当中,当你与同学观点不一,进行意见争论的时候,要懂得尊重他人的观点,用宽容的精神来处理我们所面临的一些问题,学会从他人的角度出发来思考问题,这样,才能有一缕爱的阳光,驱散你们之间可能面临的矛盾和冲突。只有在人大法学院的文化熏陶中,只有具备了人大法律人的这种诚信和宽容的精神,我们才会形成人大法律人的气质,也就是我们人大法律人的个性、理性、稳重、有气度、直率。

有诚信、有宽容就会产生自信。你们的自信,来自于人大法学院的文化底蕴,来自于人大诸位老师的深厚学识,也来自于你们自身的不断努力。从人大法学院毕业的校友,已经近3万人,而在人大法学院培训过、参加过各种进修班的10余万人,这其中有共和国的首席大法官,也有在乡、镇或县里面工作的普普通通的基层法律工作者。不管他们的职位、工作岗位、工作的环境有多么的不同,他们都以人大法律人的价值来要求自己,用自己的实践,丰富人大法律人的内涵。所以你们的自信也来自于这么多的优秀的师兄师姐。但是自信不等于自大,不等于目空一切,真正的自信是来自于内心的强大。成功来自于自信,自信来自于你的实力,实力来自于你平时的努力,所以我要求你们在今后的学习过程中学会积累、学会耐心。也许,明德楼里的自习室就要与你相伴多年;也许,厚厚的法学书籍让你觉得些许乏味,考试前的通宵会让你精疲力竭。但是,你要记住,这是一个积累自信的过程,而当你完成这个过程后,便会拥有这份自信,这份自信也将成为你今后治学、就业之本,那时的你定会自信地说,"我是人大法律人"。

诚信、宽容与自信铸造了法律人的特有气质,而气质需要在细节中体现,合格的法律人,必须从细节做起。我们应该在生活的细节当中建立自信,在日常的生活学习当中,在与人的交往过程中,每个细节上都不要忘记你是法律人,要按照法律的理念,法律人的专业精神来约束自己,要求自己。在细节中感悟诚信,在细节中学会宽容,在细节中建立自信,在日常的生活、学习、与人交往的过程中,注重细节,在每个细节上都不要忘记自己是人大法律人,每个细节上都要按照法律的理念和规则来要求自己,这样才能成为一个合格的法律人。其中,我想强调的就是在细节中学会宽容,这是团队合作中所必须具备的品质。今后你们在学习过程中,常常会有团队合作的情况,例如组队参加社会实践、各类比赛,一个小组中每个同学都有自己的想法、自己的理念,时常会遇到与自己意见相左的情况,一个小小的问题都可能争执不下,这时我们要学会用宽广的胸怀、宽容的态度认真聆听他人的意见,得出正确的结论,这样便能最大效率地发挥团队优势,集集体智慧于一身,成为一个合格的法律人。总之,人大法律人的气质是与众不同、卓然不群的,是历久弥芳,需要你们去继承和发扬的。

同学们,刚刚进入学校的你们,还有许多事情要做,很多东西要学。人大法学院给予你们并使你们受益终生的,不光是课堂上的知识,更重要的是人大法律人的特质和信仰,人大法律人的特质和信仰存在于法学院的宏伟阶梯中,存在于每一节课堂上,存在于图书馆每一本著作中,这些都等待着你们去探索与寻觅。当然,在这里还将有你们不经意间收获的爱情、友情,以及为人处事的智慧。我相信也希望你们今后能够手持真理之矛、正义之盾,捍卫法律的尊严;能够诚信做人,防止良知的沦陷;能够心怀仁爱,自信地直面未来的挑战。

同学们选择了人大法学院,人大法学院会给你们提供最好的法学教育。家长、同学们非常关心就业问题,我想就业率、就业的满意程度,应该是评价一个法学院的重要指标之一,今年人大法学院的就业率就达到了97.6%。但是我们还是要保持清醒,因为就业率有两个因素:第一个是整体的就业率,第二个是满意的就业率。离满意的就业率,我们仍然有一定差距。我举个例子,今年的毕业生中,有两位同学谈了两年的恋爱,感情很好,因毕业时没有分到一个城市,他们决定分手,也许80后的一些想法我们不能理解,看起来分手很大方,但作为院长仍然感到内疚,我在想,如果他们能在一个城市工作是不是能"将爱情继续到底"?是不是我们的就业指导不力?也许那位女同学很想与男朋友一起留在大城市,但是不是"男女不平等"的录用政策无情地拆散了他们?这个世界上,人人说男女平等,但就业市场上,优秀的女同学仍然受到不平等的待遇,作为老师,我们感受到一些女同学就业时遇到的"痛苦"。这种现实我们需要改变,需要继续付出努力,不要让现实的不合理制度或者观念断送同学们美丽的爱情。当然,法学院也需要反思,怎样培养好学生,加强就业指导?我们需要建立一整套就业指导方面的制度,使之专业化、规范化、程序化,只要同学们按照我们的培养方案,按照我们所倡导的价值和理念,认真地学习,当你两年、三年、四年毕业时,你们会找到满意的工作。

今年是人大法学院60周年院庆,60年的风雨见证了人大法学院的发展与变化。你们是幸运的,也是幸福的,入学之初便能够在历史的长廊里体会60年的沧桑巨变,更能够深切地感受到如今的辉煌成就。我相信,有了这样的经历,你们会更加深刻地理解"人大法律人"这个称号所蕴藏的内涵,更加明白自己肩上的使命与责任。人大法律人的精神会在你们的努力之下,一代一代地传承下去,将赋予人大法律人更多的自信与骄傲。

同学们,未来在你们的手中,希望你们志存高远、追求卓越,无愧于人大法律人的称号!

谢谢大家!

坚守诚信的价值理念*
——人大法学院 2011 年新生见面会致辞

各位老师、各位家长、亲爱的同学们：

　　大家上午好！又是硕果累累的金秋九月，又是喜迎新生的美好时刻。寒窗苦读多年的你们终于踏进心中向往的人大法学院，从今天开始成为中国人民大学法学院这个大家庭的一员。首先，我代表法学院全体老师，向在座的你们和远在苏州校区的新同学表示热烈的祝贺，向各位家长对我们的信任表示衷心的感谢！人大法学院欢迎你们的到来！今天还是一个特殊的日子——第 27 个教师节，我在此向辛勤工作的每一位老师表示诚挚的问候和节日的祝福！

　　面对台下来自全国、来自世界五大洲同学们一张张微笑的面孔，看着一个个年轻的身影，我和在座老师们都是满心欢喜。无论

---
* 2011 年 9 月 10 日。

已经鬓发斑白的学界泰斗,抑或比你们大不了几岁的青年才俊,都把尽心尽力教育学生,培养卓越的法律人才作为自己职业人生的崇高目标。在这个院校长们的致辞日益"娱乐化""网络化""娱乐有余而担当不够"的时代,大家对院校长们开学或毕业典礼致辞的期待也越来越高,都希望听到新颖的、有含金量、"给力"的致辞。也因此,我在准备开学典礼致辞时备感压力。这一段时间,许多关键词在我脑海中闪过,关于法律、关于学术、关于品德、关于老师对学生的尽善尽美的期待等。但经过认真思考之后,我还是决定在今天这个对你们来说具有纪念意义的重要场合,强调一个大家耳熟能详,但可能令大家失望,也许不愿意鼓掌的话题——作为人、作为法律人、作为人大法律人如何坚守诚信的理念,如何在这个"物欲横流"的时代不要失去社会的良心与道德底线,坚决捍卫诚实与信任的价值。

大家可能注意到了,近期媒体和大众都在关注、热议社会上存在的一些不讲诚信的事件和问题。我看到前天《人民日报》报道,中国社会科学院2011年发布的社会心态蓝皮书显示,从总体上看当代中国人社会信任度正处于低值状态,对北京、上海、广州三市市民的调查结果表明,三市市民总体社会信任属低度信任水平。不讲诚信已经成为一种我们的"社会病态",社会信任度降低,社会因此陷入某种深刻的信任危机之中。当社会处于某种"病态"时,法律人的专业精神就是面对现实,维护社会主流价值观,塑造社会诚信。

今天,我之所以决定在开学典礼上谈诚信话题的另一个原因是我们人大法学院学生中也出现了不讲诚信的事情。有人曾善意地提醒我,这个场合不要讲我们自己的问题,"家丑不要外扬",我也想了很多。我也想多讲法学院的辉煌,多讲我们的贡献,回避我们的问题。但作为一个强调社会责任的法学院,应该勇敢地面对问题,致力于塑造公信力。既然已经出现了不诚信的个案,就没必要回避,回避是不负责任的态度。我真诚地希望从开学第一天开始,我们法学院的全体师生都共同思考如何维护诚信的价值,让诚信像血液一样融入每个人的身心。

上学期我们遇到一件令人痛心的事情。在一次人大法学院与国外著名高校的学生交流活动中,一位日本博士生在会议上发表了学术论文,并把论文发给与会的同学们交流。我们的一位研究生就改头换面,将人家的论文上署上自己的名字发表在国内某刊物上,此事后来被论文原作者发现,通过所在法学院向我院提出了通报和质疑。我们非常认真地对待这件事情,当天核实情况。因为这件事,除了当事学生可能受到处分外,我、分管副院长、教务科长、教务秘书、导师、班主任也都进行了认真反思并主动承担了相应责任,扣除了当月的津贴,并多次开会反思我们的学术规范与诚信教育问题。作为院长,我还专门向对方法学院院长致信郑重道歉。也许有人认为,发生这样的事情,是学生个人品质问题。但是请大家换个角度考虑,学生出现不讲诚信的问题,作为教师或者作为教育管理者,难道就没有不可推卸的责任吗?"教不严,师之惰",教育学生时不能严格要求他们,这就是做老师的责任了。我觉得对不起这位同学的家长,你们把学生送到人大法学院,我们没有教育好他,心里很不安,我想通过这个机会向这位同学家长表示歉意。

法学教育首先承担着塑造学生健全的人格和精神的使命,以及树立正确的价值追求,培养端正的学术道德和学风的重要责任,老师们的"言传身教"和日常严格管理教育对学生成长成才起着关键性作用。我常常想:如果我们从入校起就再三强调诚信,在那位学生心里牢固树立起诚信的理念,让学生意识到如果违背诚信将失去法律人的道德与良知,受到良心的谴责。如果我们能以这样严格的标准要求他,他也许不会做出如此出格的事。家长们把孩子送到人大法学院,是对我们的充分信任,我们一定要对得起社会、家长寄予的厚望。所以我们首先要把学生培养成为讲诚信的人,一个诚信之人,才能真正具备宽容、自信的胸怀,成为一名受社会尊敬的人。

对于什么是诚信,大家心里都很清楚。简言之,诚信就是做人的道理。中国文化充满诚实守信的传统,并把诚信当作最基本的道德品质。"诚,信也,信,诚也","诚者,真实无妄之谓"。我们说一个人讲诚信,就意味着待人处事要真诚,讲信誉,信守诺言,"诚"是从天道而言,"信"是从人道而言。就像人文社科领域的很多终极价值一样,诚信与公平、正义乃至于法本身,都简约而深邃。其实,从小到大,各位同学的父母长辈,以及从幼儿园开始各个不同学习阶段的老师们,就以最朴素的语言告诫你们,人要诚实,不要欺骗。它也是你们背诵得滚瓜烂熟的学生守则上必不可少的一条。但我们是否真正履行了诚信的承诺?

各位新同学,我相信,你们之所以选择人民大学,选择人大法学院,你们一定都有着对真知的渴望、对法律的信仰、对公平正义的追求。可是,不久以后,你们就会发现,现实也许不尽如人意。例如,学术界的学术不端事件、学生考试作弊以及种种欺骗社会的行为等;网络上广为传播的"彭宇案""郭美美"事件、"瘦肉精"事件、"达芬奇"家具产地造假等也都关乎诚信问题;最近在某著名高校还出现了教授利用其受人敬仰的身份突破社会道德底线的事件,其背德失信行为不仅对个人造成恶劣的影响,其所在单位也遭遇严重的信任危机,甚至让教师群体的整体形象受损。在社会生活中,长期不讲诚信、不重视诚信的结果,就必然会使人与人之间的道德纽带断裂、信任缺失,甚至出现老人倒在路上,扶还是不扶,国人陷入纠结,出现已经无人敢去搀扶的现象;也出现了因怀疑红十字会的诚信,很多人不再向红十字会捐款、献血等问题,3~5月,慈善组织接收捐赠总额62.6亿元,而6~8月总额降为8.4亿元,降幅86.6%;红十字会血库告急,直接影响了对人的生命救助。可见,不讲诚信的代价实在是太大了。诚信的大面积坍塌,意味着整个社会的道德导向出现了偏差,维护正义的社会基础秩序遭到了破坏。

同学们,进入法学院学习,不论选择了何种专业方向,你们都一定会接触法学所有部门都必然涉及的一个问题——诚实信用。我们说,立国之本是宪法,而立人之本是诚信。诚信是一切道德赖以维系的基础和根本,人离开了诚信,其他道德原则就只能流于形式。而对于我们法律人而言,诚信更有着特殊而重要的意义,我将它看成是法律人的生命。众所周知,法律是调整社会关系的规范,法律人是社会秩序的创建者和社会良心的维护者。在今天这样一个充满变化、充满期待也充满冲突的社会转型期,法律人坚守诚信,必将有利于理性良善社会文明的形成,必将会带动和督促社会风气的好转。如果连法律人也不讲诚信了,整个社会势必秩序混乱、行为失范,陷入道德无底线的状态。因此,作为人大法律人,我们要始终恪守诚信,坚持原则,无论我们面对的是何等的诱惑,遭受的是何等的困境,我们都要以真实的人生态度从容度过,不欺人、不自欺,做到无愧于天地良心。

诚信是一种社会道德,同时也是基本的生活规范。我再举个例子,为了防止论文抄袭,现在大多数大学都启用了学术不端检测系统,学校对自己培养的学生是否诚信也没有把握了,只能依靠技术手段检测,其实是对诚信理念的讽刺,但即使这样,我还听说有个别同学挖空心思将检测发现的大段大段引用的文字改头换面来应付论文检测,我认为这已经是我们教育的悲哀了。你们可能会说,之所以存在抄袭作弊等不诚信行为,确实是学习任务太重,或者就业压力太大,等等。但在诚信的价值要求面前,任何辩解理由都是苍白无力的。所以,请每一位同学不要为任何不讲诚信的行为找借口。校园里的小小作弊、抄袭,进入社会就可能做出欺骗、徇私枉法的事,因为本质上,它们都是一种失信的行为。而且,每一位学生个人的诚信与否,从小的方面说,关系到个人名誉,关系到父母多年含辛茹苦的养育是否成功。从大的方面,则关系到我们人大法学院的声望,乃至社会对法律的信任,乃至整个国家的前程与未来。纵观历史,没有一个不讲诚信的人能够取得成功,没有一个不讲诚信的企业能够发展壮大,也没有一个不讲诚信的国家能够真正兴盛强大。

作为"准"法律人,无论你们将来从事的是什么职业,学术研究也好，当法官、检察官、律师也好，你们所进行的，都注定是世界上最正义、最光明的事业。失衡的利益需要你们匡扶，扭曲的正义需要你们重塑，社会的底线需要你们坚守。作为立志成为"国民表率、社会栋梁"的人大法律人，要把塑造诚信、匡扶正义这一光荣而又艰巨的任务勇敢地扛起。就算一些同学将来的职业可能与法律没有直接关系，但你们毕竟是与众不同的，因为在你们人生中最美好的一段年华，你们所研读的是一门以自由、平等、公正、公平为价值核心的学问。所有这一切，都要求在座的各位同学，恪守良知，有所担当。

同学们，建设法治国家并非一朝一夕之事，培养诚信品格亦非一蹴而就之功。诚信对于身处法治共同体的大家而言，具有更加重要的意义。从进入人大法学院的这一刻起，你们的一生，已经注定与中国的法治面貌，中国的良善风气息息相关。充满社会责任，受人尊重的人大法学院，应当高举诚信之大旗，在提升中国法学水平、裨益立法司法实践的同时，成为社会良好风气与高尚追求的楷模。更确切地说，你们，已经成为赖以维护社会正义的事业的一部分。一份合同，一次审判，通过千千万万法律人对职业信仰的坚守，对法治理念的维护，我们就能传递诚信的星火，守护诚信的底线。唯有从每一位人大法律人做起，从我们一个学院做起，诚信的火焰才能熊熊燃起，温暖芸芸众生，辐射华夏大地，我们的民族，才能在经历了艰辛探索之后，不仅在政治、经济上进步，更在思想观念、社会风气上充满正气和希望！

我希望，从人大法学院走出去的学生，不仅成为有能力、有知识的人，更应成为讲诚信、有原则的人。而这一切，离不开各位老师的付出，更有赖于各位同学的坚守；这一切，都需要你们从点滴小事做起。你们优秀的成绩的取得，不能依靠作弊技巧，不能指望暗地抄袭，而应建立在日复一日坚忍不拔的努力之上。你们锦绣的前程，不能由谎言与欺骗铺路，而应是你们发愤图强、锐意进取的结果。唯有如此，当几年后你们离开这片熟悉万分而又依依不舍的校园时，当你们奔赴祖国乃至世界的四面八方的时候，你们才能成为一股清风正气，依靠你们的智慧才华以及优秀品质，真正为国家做出贡献，也真正为自己为家人赢得一份荣誉。我希望几年后当你们穿上学位服的时候，你们回想起刚入学的此刻，你们能够问心无愧地对自己说，我是诚信理念的追求者与实践者，2011年开学典礼上的院长致辞没有白讲。而那真的是我最大的期望。

最后，预祝各位在人大法学院身体健康、学业进步，生活愉快。我相信你们接下来的热烈掌声，将是我们对诚信理念的共同承诺！

谢谢大家！

做一名有爱心的法律人[*]

——人大法学院2012年新生见面会致辞

各位老师、各位家长、亲爱的同学们:

大家下午好！又到了一年中北京最美丽的时节，又到了一年里学院最喜庆的日子。来自五湖四海、世界各地的你们通过努力终于踏进了向往的人大法学院，从今天开始加入人大法律人行列。

首先，我代表法学院全体老师，向在座的你们和远在苏州校区的新同学表示热烈的祝贺！向各位家长对我们的信任表示衷心的感谢！人大法学院欢迎你们的到来！同时，虽然教师节刚刚过去，但我还是要借此机会向辛勤工作在教学第一线的老师们表示诚挚的问候和感谢！

人民大学法学院拥有62年的历史。62年来，人大法学院以其

---

[*] 2012年9月16日。

坚实的步伐，展现了它的使命、价值与责任。今天坐在台上的各位老师的相聚，坐在台下的各位同学的选择，就是对法学院传统与追求的最好诠释。我们每个人都知道这一切来之不易，应该珍惜每一个机会，在意每一个细节。在同学们迈进法学院的第一天，我不想谈学习法学的方法或者法学本身的魅力，也不想谈法学院的辉煌历史，这些内容你们的任课老师和导师会告诉你们，你们也会慢慢感悟和体验的。我想利用这个机会，跟你们谈一个朴素的概念或者话题，也许你们都懂得的话题：为什么法律人内心始终要保存那份爱心。

你们从小听说人要有爱心，这个词对你们并不陌生。其实，爱心是所有生命体的内在本质，非人类的生活中也存在着爱心。从某种意义上，有的时候非人类爱心的纯洁度比人类高。我们正分享着经济发展和科学技术发展带来的便利与利益，物质的日益丰富让我们感到幸福。但我们为什么在丰厚的物质生活中有时感到困惑，为什么生活中本来熟悉的规则变得陌生？为什么本应该充满爱心的世界变得如此的冷漠，甚至每天都发生冲突、矛盾？为什么物质的发达与精神的贫乏使得我们陷入思索与无奈之中？为什么改革开放30多年后的今天，我们的社会仍然面临着深刻的社会矛盾？我国有240多部法律，但为什么现实生活中有时法治仍然显得无能为力？我们为了社会稳定付出很多，但仍然看到不稳定因素，每天的新闻报道中看到让我们感到不安的消息。在我看来，很多社会现象背后存在着根本原因之一，那就是社会爱心的缺失。我们说，缺乏社会共识的社会是可怕的，而缺乏爱心的社会是冷酷的，它会扼杀人性的光辉,泯灭社会凝聚力。我和你们一样,也有很多困惑,于是我就决定了今天与大家的交流内容——爱心。

爱心是一个很朴素,也很宽泛的概念,像法律中的"权利"概念一样使用频率很高,但有时难于定论。简单地说,所谓爱心就是人类彼此之间的理解、感受与感悟,有时表现为人类生活中的相互扶持与同情。有爱心的人愿意以自己的能力,维护正义,帮助需要帮助的人。所以,像大家以后的学习离不开最初的加减法,最初的汉字拼音一样,我希望大家依然记得并坚信中学乃至小学的老师们对大家的最初的人格教育,记得那些与爱心有关的文字和音符。请记住,一个真正勇敢的、成熟的、有责任心的人,他面对纷繁复杂的社会,不会变得逃避、世故、冷漠,而是愿意并且能够以自己的学识和能力,去辨识真伪,洞察良善,并毫不吝惜自己的爱心,去帮助那些真正需要帮助的人,因为爱心是人类生活的本质与最低限度的道德要求。

学法律与爱心有什么关系?也许有同学提出这样的疑问。没有深入学习法律的人可能会觉得法律不仅与爱心无关,甚至与良知相悖,但不久以后我们的老师们就会告诉大家,法律中也有爱,法学研究需要人文精神,法律人不是机械和冷酷的,而更应当具有公平的信念和温暖的情怀。踏踏实实学好每一门法律,公平公正处理每一个案件,以及用我们的专业知识为社会各界提供力所能及的帮助,是我们法律人义不容辞的责任,也是我们法律人与众不同的弘扬爱的方式。所以法律与爱心不仅不是背道而驰的,而是相得益彰的。法学教育,就是要为有爱心的你们增添更丰满的羽翼,锤炼更扎实的能力。

同学们，爱心不单单是内心的想法与追求，更是要表现为实实在在的行动，例如从大的方面来讲，爱国是爱心的集中体现，青年人应当树立起对于国家和民族的爱心。作为一名法律人，应坚决维护国家主权和领土的完整，同时也应该有法律人的思维与爱心，深入思考和平的价值，跨越国家和地区，追求人类永恒的价值，坚守人类的和平，坚持法治，让来之不易的和平成为人们共同捍卫的核心价值。爱国主义不是民粹主义，也不是民族主义，中华民族的伟大精神与价值就是和平主义。对于法律人来说，我们的爱心不仅要转化为和平主义的力量，也要转化为和平价值的捍卫者与实践者的具体行动。我们用法律维护国家利益，同时要考虑如何以法律的知识维护和平，履行世界大国，世界公民的责任。

大家已经注意到，法学教育正面临着全球化的挑战，国际型法律人才培养十分重要，但没有爱心的国际化是危险的。所以，必须要理解不同国家的法律，要有很好的外语能力，有很好的人际交往能力、处理问题能力。目前学院国际化交流的机会很多，有形式多样的国际化模拟法庭竞赛、暑期留学项目等，我们的想法是，希望每一个同学在学院学习期间都有一个短期的或者长期的到国外或者境外去实习、交流的机会，我觉得你们会有所收获的。希望我们人大法学院的毕业生，未来不仅在国内当法官、检察官，还要到全球法律机构去工作，甚至要到联合国有关机构去工作。

同学们，法律人的爱心也要表现为对社会价值观的引导，社会共识的维护。现在社会缺少公信力、思想观念中缺少共识，这说明爱的纽带没有形成，爱的共识也没达成。社会上也出现一些人与人之间关系的异化,甚至亲情、友情也变异。我们要正视社会问题的存在,同时也要有勇气去面对,有能力去担当。所以,我们不仅要培养自己的爱心,更要用行动去实践,使之成为行动中的实践性概念。社会共识和学术共识一样,都是慢慢形成,逐渐扩展的。我们概括的人大法学理念就是"人文情怀、崇尚法治、追求真理、奉献社会"16个字,集中体现了爱心的价值。没有爱心不可能心中保存着人文精神,不可能以顽强的意志追求真理,不可能以法律人的良心捍卫法治,也不可能达到巴金先生在谈到的"多想到别人,少想到自己,便可以少犯错误"的境界。可以说,法学院的教育与理念都与爱心的培养息息相关。只要我们每一位人大法律人,凝聚爱的共识,增添爱的能量,我们就一定能够形成一股清风正气,涤荡浮尘,温暖社会。希望今天的见面会,将成为我们共识与行动的开始。

同学们,有爱心的人才能懂得健康的意义,懂得善待自己,懂得尊重他人。因为要实践爱的价值,需要健康的体魄。因此,你们作为个体所拥有的健康承载着爱的呼唤,爱的生命。作为新生,你们刚刚从繁重的学习压力中解放出来,很容易就过上一种没有规律的生活,熬夜读书、上网、玩游戏等丰富了你们大学生活的同时,也可能在透支你们的健康。青春不能挥霍,健康绝对不能透支,必须要有健康的生活方式。大学时代的健康某种意义上决定着你未来人生中的健康。其实,人的生命的每一天都很重要。有人算了一笔账,把人生用天来计算,365×100,也才 36 500 天。第一个 1 万天,你们伴随着成长的苦恼;第二个 1 万天是生命意义的时空,最丰富多彩的生活;第三个 1 万天,我们经历着身体的衰落。当你以心中的爱,度过充实的每一天时,你们将感到人生的意义,会放弃生活中的功利,会珍惜同学之间的友谊,会感恩父母的培育,会感受自己的责任,会把规则的遵守作为自己的生活哲学,会享受美好爱情。我提倡同学们在大学时代谈恋爱,爱情是美好的,但美好爱情的享有者应该是有爱心的人,没有爱心的人不可能拥有美好的爱情。你想得到美好的爱情,请你保持爱心,关心周边有困难的人,多参加公益活动。当你修炼爱心的价值与精神时,美好的爱情就会来到你的身边。

同学们,今天你们入学,两年、三年、四年后你们毕业。希望你们在人大学习期间,坚守法律人的道德底线,做实践爱心的人。人大的校友之所以获得社会的认可,除了具备系统的专业知识外,他们始终播洒着爱心,实践着爱心。如今年6月末,我们举行了一年一度的法学院奖学金颁奖典礼。其中有一位女同学的发言,给所有捐款代表和老师同学们都留下了深刻的印象。没有过多的感激,也没有华丽的言辞,甚至看得出之前没有准备书面讲稿,那位同学只是平静地讲述了自己在人大法学院念本科的四年里,所经历的一些志愿活动。从孤儿院到养老院,从法律援助到宁养活动,在感受了那么多的苦难乃至生死之后,她说,四年的人大生活,她无悔。当她噙着泪水述说对癌症晚期病人的临终关怀时,台下寂静无声;当她微笑着鞠躬结束的时候,听众的掌声经久不息。说实话,作为法学院的老师和院长,那一刻我感动、欣慰、骄傲!不仅因为我们的学生真正成为合格的法律人,不仅因为我们的理念得到了社会各界的认同,更因为我从我们身边的人、从和在座的各位一样年轻和活力的学子身上,看到了矢志不渝、发扬光大的爱心精神!我希望在座的每一位同学,当你们四年后回首在人大法学院度过的一生中最宝贵的青春年华,你们不仅掌握知识、提升能力——或者有可能收获爱情,更能在这所充满社会责任感的法学院,成为一个有修养、有追求、有爱心的人。

最后,预祝同学们健康、快乐、自信与进步。谢谢大家!

做一个真实而充满想象力的法律人[*]
——人大法学院 2013 年新生见面会致辞

各位老师、各位家长、亲爱的同学们：

　　大家上午好！每年的开学典礼我都满心期待，来自五湖四海、世界各地的你们，在这个美丽的金秋步入了大学殿堂，踏进了心中向往的人大法学院。首先，我代表法学院全体老师，向新同学们表示热烈的欢迎！欢迎你们成为人大法学院大家庭的一员！从今日起，"人大法律人"这个令人自豪而充满责任的称号将伴随着你们的一生。你们成长的过程中父母倾注了太多的爱，我向学生家长们表示衷心的感谢！

　　前些日子，看到中国青年报的一则消息，作者在批评中国大学教育缺乏创新时，引用了一个事例，而这个例子让我决定今年的致

---

[*] 2013 年 9 月 13 日。

辞谈真实与想象力的问题。一个学习优异、对历史颇有研究的中学生，在中学阶段就通读了《剑桥中国史》和《资治通鉴》，在参加耶鲁大学的招生面试时，因为他是住校生，面试官问他："每天晚上睡觉前你和宿舍里的同学都聊些什么呢？"他回答说："我给他们讲各种各样的历史故事。"这个正统专业的回答却让面试官不以为然。他们认为，一个正处在青春期的男孩子，晚上睡觉前和宿舍里的其他男生聊的不是漂亮的女生就是足球，谁会有兴趣去听你的历史故事呢？他的成绩非常好，但这个回答让人觉得他缺乏想象力，缺乏真实感，或缺乏与人良好沟通的能力，一个不能和周围其他人进行良好沟通的人，未来怎么可能率领大家作出成就呢？面试官最后决定不录取他。也许这位同学是表达了他的真实想法，但至少令人不解。我引用上述事例，只是希望你们能够真实地生活、真实地表达，始终保持着想象力。哪怕生活中充斥着不学术、不高雅的东西，也不要有虚假、做作的东西。

来到大学，学习知识固然很重要，但比知识更重要的是思维、能力、素质、价值观。而思维的塑造、能力的增强、素质的提升和价值观的形成离不开人的想象力。爱因斯坦曾经说过："想象力比知识更重要。因为知识是有限的，而想象力涵盖世界的一切，推动着进步，并且是知识进步的源泉。"虽然科技的进步与想象力关系密切，但我认为想象力并非理工科学生的专利，也并非科幻小说家的"特权"，而是每一个有进取心、求知欲、正义感的人都应具备的生活习惯，并使之发挥作用的一种能力。

在给人刻板印象的法学世界里，想象力的魔力和魅力也是无穷的。法学的世界让你在想象的海洋里翱翔,让你体验着不同的社会角色。在领悟法学真谛的课堂里,你可以是总统,体验着如何为国家决策,因为你们未来都有可能成为曾经想象中的国家领导人。课堂里你可以担任法官,太多的经典案例,让你体验着如何写判决书。法官慎密的论证,让你感到作为法官的专业精神与责任。你们知道,薄熙来一案的审判长王旭光就是我们的校友,你们想象一下,如果你担任此案的审判长该如何思考?你也会体会到检察官职业,知道你所代表的国家是什么含义,它是为人权服务的吗?当你看到主张自己权利的当事人时,是否体会到其实你也在代表当事人,维护社会公平与正义?律师的行业是充满挑战,更需要想象力的职业。何谓律师?定义很多,但我看来,一个法治国家,律师应受到全社会的尊重,应赋予律师自由想象的机会,他们是个体的,不是国家的,是站在民众的立场思考问题,捍卫着国家的理性与人性的尊严,在法律共同体中,律师基于"社会"的立场,更需要未来的期待与想象力。

法律人虽在现实世界中遇到太多的挫折,太多的苦恼,但想象力让你享受着超越现实的一种坚强的力量,来自民众的坚强与自信。当然,对法科毕业生有吸引力的公务员职业也需要丰富的想象力,那是什么样的想象力?早点提拔?衣锦还乡后看到老乡们的羡慕与赞扬吗?公务员职业也需要有想象力,但比起法律共同体展现想象力的空间相比,还是有限的。过早地感受权力与荣耀,过早地受到官场的气息会不会不知不觉中戴上过分向往权力的光环?2006年诺贝尔经济学奖获得者埃德蒙·菲尔普斯认为,年轻人做公务员是严重浪费。他说,"我们希望看到聪明的年轻人对妈妈说:妈,我去西部,去南部,去北部开公司了!"当然,职业选择是自由,我并不反对法科学生当公务员,但聪明的你们多去当公务员,则无法分享法律人拥有的想象力,我担心"官场"的文化与习气过早地影响你们的真实与纯洁。我觉得,先从事法律职业,特别是先当律师,后从政,也许分享想象力的空间更大一点。

那么,如何培养这种"想象力"?依靠单纯的冥思苦想或灵光闪现都是无法获得的。想象不是空想,不是胡思乱想,而是依托于真实的生活,只有在真实中你才能感受想象的魅力。

要培养想象力,需要以宽容的态度对待他人与社会。想象力源自真实生活,融入社会的生存才是社会人的生活。社会是靠规则维持的,大家彼此互信、互惠,也基于对基本共识的认可。你以真诚的心态融入生活时,才会看到人与人之间的关系是多么的美妙,才会感到亲切、温暖与尊重。

法学乃是宽容的哲学,法学的真谛就是以宽容的理念保障地球上的每个人有尊严地生活,保持个性。在法学的世界中宽容与惩罚并不绝对矛盾,从某种意义上惩罚也是维护宽容的目的。回到现实世界中,宽容应该成为我们的生活方式与哲学,当你拥有宽容时,你分享的想象力空间更大,每天会过得充实。越是宽容,心胸越是开阔,心情越是舒畅。没有宽容心的人,每天脸上挂着令人难受的表情,总是觉得别人欠什么。这样的人无法分享今天,无法分享与同学和睦相处的快乐,或许也无法等来美丽的爱情。同样,也不要因社会个案的丑恶而抹杀世界中的一切美好。所以宽容自己,也宽容他人和社会,才会少一些误解,多一份理解。我想告诉同学们,真实是我们具备与分享想象力的前提。只有珍爱生命与热爱生活的人,才会在自己的生活、事业包括爱情上获得丰收。

要培养想象力,应坚守灵魂之真实。我们正面对"物欲横流"的世界,失去了太多的精神的财富、道德的力量以及常识与社会共识。似乎我们在经济"日异月新"的今天,承受着精神的贫瘠。在名利诱惑面前,信仰与道德律有些"风雨飘摇"。社会存在污垢,而社会的污垢是每个个体的"不干净"导致的。如果每个人放弃对真实的灵魂的追求,放弃内心的原则,那么社会的底线也自然沦丧,不可能有对未来生活的想象。法律人应该成为真实生活的代言人。对法律人来说,坚守真实与道德伦理比自己的生命还重要!前几天我参加会议,有一位校长谈到法学教育要加强伦理教育时举了一个例子,有一位法学院学生在某市法院实习时,曾接受当事人送的钱,实习结束回校后当事人来到学校,找到本人说:你没有帮忙,应该退钱,这位同学以赠与的概念说,你主动送的钱,属于赠与,所有权已经转移,不同意退钱。未来的"准法律人"开始学会破坏法律伦理,多么可怕!环顾现实生活,硫磺熏制的枸杞、加了三氯氰胺的牛奶、进入高校的死猪肉等事件,污染的不仅仅是食品安全,更是人们对健康的期待和构建之中的诚信社会。因欲望诱惑而灵魂虚弱,因个人灵魂虚弱而导致社会环境污浊,这一恶性循环需要通过个人内心的强大与纯净打破。我希望人大法学院的同学们,任何时候都要坚持操守、信仰、价值、道德之真实。坚持的力量是伟大的,而坚持法律人所应有的气质是艰难的。

要培养想象力,需要独立思考,养成批判精神,这样你在想象力中才有独立,才能展现自己的个性。你们在四年的生活中,会学习很多课程,参加期末考试、司法考试、注会考试、公务员考试等。其实,我很同情你们,中国教育体制下的你们太辛苦了。能力与学习成绩有相关性,但不一定成正比。有的时候同学们过分地关注成绩,功利色彩太浓,就是学分绩,就是为了保研,无瑕阅读课本之外的图书,无法感悟充满想象力的学术世界,也许你拿到了高分,但失去了培养能力的宝贵机会,到了社会,你会发现,原来学习的知识有些过时,但学校时打下的基础,获得的能力与方法为你提供无穷的动力,能力带来新知识,方法带来创新。所以,知识之真实不在分数,而在思考与批判的能力,在于学习中培养的想象力。

要具备想象力,要以公益善行对待黑暗与贫弱。需要有一颗公益之心和尽量多的公益之行,需要更深入地体验社会民众的生活。真实的社会,真善美与假恶丑交织,喜剧与悲剧重叠。面对社会中存在的黑暗与贫弱,我希望你们要"正道直行,竭忠尽智",用尽己所能的公益善行为社会的光明贡献光亮。公益是一项让人一生受益的活动,也许法律人的人生与公益有着密切的关系。你们是否想过,因医疗技术的局限性,一些人即将面临死亡?如何面对死亡?你想象过即将离开人世的病人会想些什么吗?你的想象也许在参加临终关怀活动中找到答案。人大法学院本科生有临终关怀的公益活动,当你到肿瘤医院参加临终关怀活动时你会体会到生与死的概念,你和病人以及家属们交谈时,你头脑中的死会从抽象的概念变为现实的概念。在此,我为人大法学院学生骄傲,你们太了不起,把想象的世界变为现实的世界,给病人们温暖,赋予人生以新的内涵。我看到伦敦300名动物保护者们当经费紧张时发挥想象力,决定裸体跑步,为地球上仅存的约300余只苏门答腊虎的保育工作募集资金。希望你们在创造公益价值中更加真实地体验想象力的意义,在与各类人士交往的过程中更加深刻地体悟人生的真谛。

在宽容的态度、强大的内心、独立的思维、公益的善行之中,想象力就会潜移默化地扎根、萌芽、成长。青春终将逝去,但基于真实的想象力却永不消逝。正如我们的校训"实事求是"这样,真实然后想象,想象力又助推真实。它会支撑起你的知识、思维、能力、素质、价值观,支撑起你的整个人生,并通过你支撑起你的家庭,支撑起我们的法学院、人民大学、法律共同体、社会、民族、国家乃至全人类。

同学们,请让想象力占领你们头脑的高地,通过四年或三年、两年的人大法学院真实的生活、真实的体验,塑造自己满意的真实的你。我相信你们,也祝福你们!

做一名讲真话的法律人[*]

——人大法学院 2014 年新生见面会致辞

各位老师、各位家长、亲爱的同学们：

大家下午好！9 月，对我们教师来说总是一个快乐的月份，我们又如约迎来了一批朝气蓬勃、求知若渴的青年才俊。首先，我谨代表法学院全体老师，向各位新同学的到来表示热烈的欢迎！向各位家长对我们的信任表示衷心的感谢！

从今天起你们成为了一名人大法律人，希望你们记住各位老师们的寄语，话虽短，但凝聚着老师们的人生感悟与期待。今天我想利用这个机会，与大家分享一个简单但又很实际的话题：作为人，作为法律人，作为人大法律人，应当如何坚守讲真话的理念。讲真话就是，有一说一，有二说二，既不夸大，也不缩小，不惧压力，说出事

---

[*] 2014 年 9 月 15 日。

实真相,说话、办事、做学问,求得正确的结论。也许有同学问,为什么院长谈这样的常识性问题?有一件事让我觉得,在中国不讲真话的现象太普遍,如不改变这种现象,我们社会公信力就会大大下降,社会信仰会崩溃,也许中国成为经济强国,但不能成为法治强国,无法赢得国际社会的尊敬。

大家还记得刚刚过去的云南鲁甸地震吗?在鲁甸地震现场,李克强总理问女县长张雁有什么困难?张雁作为县长只是说了大实话,讲了一些灾区急需解决的困难。为这件事,李克强总理三次表扬她敢于直言不讳、敢于讲真话。总理的表扬,给社会传递一个信息,在中国讲真话的人太少了。即使总理,有时也听不到真话。可见,塑造讲真话的文化多么重要!

讲真话是做人的一个基本要求。人是万物之灵,尊严是人的本性。而捍卫人的主体性,首先要建立人与人之间信任的桥梁,这种桥梁就是讲真话。可以想象,如果人与人之间讲假话,不说真话,如何建立信任?只有人才可能讲真话,"非人"无法感受说真话的价值。但是在这个物欲横流的年代,"讲真话"居然也成为一种"稀缺资源"。共和国总理对仅仅"说了大实话"的女县长多次表扬,连她自己都不清楚为什么受表扬。"讲真话"这种正能量要被赞扬、被鼓励、被传播。人类是命运的共同体,我们要坚守"讲真话"这个人的专利,使之成为一种人格品德、一种职业能力、一种法律责任。

讲真话是每位法律人的人格体现和应有的素养。各位新同学,我相信,你们之所以选择人民大学,选择人大法学院,你们一定都有着对真知的渴望、对法律的信仰、对公平正义的追求。可是,不久以后,你们就会发现,现实也许不尽如人意。我们为什么不敢讲真话?也许讲真话会吃亏,受排挤,会被孤立,仕途受影响。有人胆小怕事、明哲保身,虽然讲真话并不见得会让自己受什么损害,然而,社会责任感的缺乏,多一事不如少一事的处世哲学,也会让真话遁形。但是,在中国社会转型过程中,无论将要经历怎样的嬗变,还是折射出怎样的社会生态与观念变迁,我们法律人要坚持的原则仍然是不变的:即法律人要讲真话。如果连法律人都不讲真话了,弄虚作假,危及的不仅是个体生命,而是损害司法公信力,进而危及执政党的信誉,损害国家形象。因此,作为人大法律人,我们要把"实事求是"融入血液、努力践行,实事求是讲真话,忠于职守讲真话,襟怀坦白讲真话,把讲真话作为生活的哲学与基本方式。

讲真话是每位法律人的职业道德与责任的担当。讲真话的人是有担当、有责任,同时也是有勇气的人。作为人大法律人,无论何时何地都要讲真话,追求真理一直是人大法律人共同体的传统,法学院在64年的发展历程中,始终坚持社会责任,坚持真理,坚持学术自由。可以自豪地说,讲真话是法学院的核心价值,也是我们赢得社会尊敬的精神动力。在学术上,我们讲真话,当学术理念与其他利益相冲突时,不盲从,不讲违背法治理念的话;在立法上,我们讲真话;在教学上,我们讲真话;在社会公共事务上,我们讲真话。无论你将来从事什么工作,讲真话是基本的道德要求与底线。如果你是法官、检察官或者律师,应该努力让当事人在司法案件中真正感受到公平正义。司法是维护社会公平正义的最后一道防线,司法不公,贻害的将是整个社会。老百姓希望大家都来讲真话不讲套话,讲实话不讲空话,讲要点不泛泛而谈。遗憾的是,现在很多人做不到这一点,昧着良心说话,不能秉公办事。前不久轰动一时的福建念斌案,以念斌被无罪释放而告终,但念斌蒙冤8年,4次被判处死刑,8年一洗的冤枉,之前被迫的有罪供述,并不是一纸无罪判决就能轻松洗白的。在这个案件中,法律人扮演了怎样的角色,有多少人在讲真话,而不是伪造证据,面对疑点无动于衷。政治家不讲真话,社会治理会出问题;而司法人员不讲真话,就会产生冤假错案。事实证明,冤假错案多数是由于不忠实于证据、不讲真话而产生的。只有回归事实证据,才能维护法律的尊严;只有讲真话,才能换来迟来的正义。还有,如果学者不讲真话,会误导民众,破坏健全的社会价值观,会使尊贵的学术价值向权力低头,丧失学术的尊严。

因此,我们要从现在开始做起,按照法律人的职业道德、职业品格,忠于职守,说真话、讲实话,进而提供客观、公正、真实的意见和建议。作为法律人,更应该以事实为依据,摆正自己的良心。讲真话不是见到什么说什么,更不是随心所欲、信口开河。讲真话并不都是真理,讲真话"不一定把所有的话都说出来,但说出来的话一定是真话"(国学大师季羡林语)。讲真话需要我们深刻领会相关法学创新理论成果,掌握辨别真伪的理论武器;需要我们准确理解法治精神,掌握辨别真伪的标准;需要我们有丰富的法律知识储备,掌握辨别真伪的本领;等等。讲真话的目的不是"唱对台戏",也不是标榜个人,而是客观反映真实情况。

做一名真实的法律人,要认真做事,探究真相。几年后你们毕业,无论从事什么职业,你们都要做到真想真干。如果你是决策者,你要从实际出发聆听民意,让决策富有实效。如果你是立法者,你要多方调研、倾听真实的意见建议,不能让法律成为一纸具文。如果你是法官,要如同我们的校友王旭光法官,面对重大、棘手案件,能够洞悉真相,缜密论证,秉公审判。只有执着地探求真相,只有把"真"融于自己的职业与事业,才能以己之力维护社会公平与正义。

做一名真实的法律人,还要以真立足,敢说真话。对于法律人,在某种程度上可以说,求真是第一步,是根本的。进入大学,通过开拓眼界,观览社会,形成自己的世界观、人生观与价值观。但是,不要忘了法律人特有的精神内核,比如规则意识,以人为本的理念,为权利而斗争等。秉持这些精神再观察社会、思考人生、规划职业,将会有更加深远的意义。在经济"日异月新"、名利诱惑四面涌来的今天,对真善美的追求似乎显得有些"风雨飘摇"。如果每个人放弃对真实灵魂的追求,放弃内心的原则,那么社会的底线也自然沦丧,不可能有未来生活的想象。法律人应该成为真实生活的代言人。对法律人来说,坚守真实、敢说真话比自己的生命还重要!

做一名真实的法律人,要以真待人,怀揣真心,做讲真话的人、真诚的人、宽容的人,要热心公益事业,通过公益去锻炼心态、维持心灵的健康。如果说高中阶段的生活主要是面对书本,那么进入了大学,在学习知识之余,你们还需要面对他人,学会做人。到了大学,生活突然丰富了,也会因为宿舍作息时间、打扫卫生、社团、入党、考试周、求职季甚至恋爱而产生更为复杂的关系。毋庸讳言,在交往过程中必然会产生冲突和矛盾。如何处理好人际关系,是摆在你们面前更为棘手的问题。我给大家一个锦囊,就是要做到——真诚。真诚就是不虚伪、不做作，不要不懂装懂、钩心斗角，不要恶语伤人、积怨于心。只有言行一致，才能心情舒畅，保持心理平衡。

最后，我想提一下与主题无关但很重要的一个话题，即健康与手机。有人说，90后是"抬不起头"的一代，毫无贬义，说的是因为你们或走、或坐、或站、或吃饭，都时常低头拿着手机发短信、微信，很容易就会视力下降、颈椎酸疼。我看到就在开学典礼的现场，不少同学也在时不时地低头看手机。请同学们掌握每天看手机的时间，上课时不要看手机，与别人交谈时不要看短信，吃饭时不要看手机，走路时更不要低头发短信。我希望你们无论手机里的内容多么精彩，也不要忘了定期放下手机，去打打球、跑跑步，培养运动爱好和习惯，一定要把身体锻炼好。

同学们，我们每个人都知道大家能坐到这里是来之不易的。让我们共同珍惜这个机会，这份缘分。同学们，人大法学院是你们未来几年研习、生活、成长的热土，也是你们释放激情、成就理想的家园；在这里你将度过你一生中最充实、最值得怀念的一段时光。我祝福你们！法学院会真情实意地关怀你们每一天的成长，和你一起塑造社会价值观、追求法治的理想。让我们把"真"融入细胞核，内化为做人的准则，做一个讲真话的法律人。

谢谢大家！

传承人大法律人的精神品质[*]

——人大法学院 2015 年新生见面会致辞

各位老师、各位家长、2015 级新同学们:

大家下午好!今天我们相聚一堂,欢迎各位青年才俊通过刻苦努力成为我们人大法律人的一员,祝贺你们!同时,在教师节刚刚过去以及法学院建院 65 周年到来之际,我代表学院,向兢兢业业工作在各个岗位的全体教师同人表示衷心的感谢!

中国人民大学法学院成立 65 周年以来,一代又一代师生艰苦奋斗,薪火相传,铸就了人大法学院的光荣历史,凝聚了人大法律人昂扬向上的优秀品格。这里云集了中国最优秀的法学学者,在刚才举行的从教 50 年教师表彰活动中,相信大家已经感受到人大法学院老一辈学者的风采,他们无不具有谦逊的品德、宽广的胸怀、渊博的学

---

[*] 2015 年 9 月 13 日。

识、开放的眼光。人大法学院老中青三代教师教书育人，著书立说，更为中国的法治进步建言献策，贡献力量。这里也汇聚着中国最优秀的法学学子和校友们，他们刻苦学习，勇于实践，走向世界舞台，也服务中国最广大的基层，为学院赢得了荣誉和尊重。

从人大法学院诞生之日起，我们始终将自身的发展与法治的进步和人民的福祉紧密联系在一起。65年来，我们积极探索法学教育完善之道，法学研究进步之道，法律体系健全之道，法治精神弘扬之道，法律文化交流之道，成为中国法学教育和研究的探索者、中国法治事业的实践者和法学教育国际交流的推动者，为法治中国建设事业，贡献了自己的力量。创业维艰，奋斗以成，65年的拼搏与坚持，使我们赢得了法律职业共同体和全社会的尊重，也凝聚了人大法学院的人才培养目标和人大法律人的核心价值理念，这也就是——"人文情怀，追求真理，崇尚法治，奉献社会"。今天，我将在这一重要的时刻，与全体新同学分享她的含义与价值。

人文情怀，是我们人大法律人的内在品格。人文情怀，就是要尊重人的价值，捍卫人的尊严，真切地关心人类的安危、疾苦和命运，永远对每一个人，每一个生命，心怀由衷的尊重，保有同情之理解。早在两千多年以前，亚里士多德就明确提出"法治"的两个要素，即良法和普遍服从。所谓良法，放到今天的语境下，就是要求法律要体现公平正义，反映社会共识，当然包括我们所倡导的对人的尊严、人的价值的尊重即人文情怀贯彻到法律制定和法律实施的各个阶段去。唯有如此，法律才能依靠自身的正当性而非仅仅依靠强制力对公权力形成约束，依靠法律解决社会矛盾，推进共识，增进人民福祉与社会进步的法治理想才能最终实现。

作为院长,我从来最骄傲的不是我们的老师发表了多少论文,我们的学生取得了多少荣誉,或者我们的校友担任了什么重要职务。我最骄傲的是,一群又一群人大法学学子关注和参与到法律援助活动中去,参与到宁养临终关怀中去,以及走向西部,走向基层,甚至作为联合国爱心大使走向非洲,用温暖的双手触摸冰冷的角落,用人性的光辉照耀落后的地方。我真诚希望,大家以后无论从事什么工作,取得何种成绩,都能够保有年轻的此刻纯正的品性,能够心怀仁爱,接受差异,与人为善。也许有人曾经告诉你,也许你自己以后也会觉得,有时社会是不公的,法律是冷漠的。哪怕真是这样,我们人大法律人也不能气馁,因为尊重人权,关怀人,永远是我们人大法律人最珍视的品格。

追求真理,是我们人大法律人的传统精神。65年来,一代又一代人大法律人之所以能够始终引领学术进步,走在时代前列,靠的就是我们对"实事求是"的校训的坚持,就是我们矢志不移的对真理的追求,法治的捍卫。追求真理一直是人大法律人共同体的传统,法学院在65年的发展历程中,始终坚持追求真理,坚持学术自由。可以自豪地说,追求真理也是我们能够赢得社会尊敬的精神动力。在学术上,我们讲真话,当学术理念与其他利益相冲突时,不盲从,不讲违背法治理念的话;在立法上,我们讲真话,追求良法;在教学上,我们讲真话;在社会公共事务上,我们讲真话。我想,当大家在课堂上,在文章里,在社会事件中看到我们老师们对某一个看似微不足道的问题是如何严谨和认真对待时,大家将有更真切的体会,作为法律人和知识分子,更要将追求真理作为学习、研究和工作的理想与准则。相较于知识上的不足,我更不希望大家在做人和治学的品格上出现缺陷。不可否认,历史和社会上不乏风靡一时的谎言或者志得意满的投机者,但人类历史更雄辩地证明,真理永远不会被埋没,那些为探索真理、追求真理而做出的奋斗乃至牺牲,终将被人们所尊重。作为法律人,我们最基本的素养就是追求真理。我们要从现在开始做起,按照法律人的职业道德、职业品格,忠于职守,说真话、讲实话。

崇尚法治,是我们人大法律人的坚定信仰。崇尚法治就是坚守法治底线,捍卫法治精神,追求法治理想,而一切的起点,就是看似简单但贵在坚持的对规则的遵守。既然法治首先是规则之治,那么"崇尚法治"落实到个人就是要有规则意识,要时刻讲规则。如果没有良好的规则意识,即使"良法"也难以得到普遍执行,规则就会被架空,甚至法律也就成了一纸具文。相信大家入学前曾关注发生在离我们不远的天津市滨海新区的爆炸事故。我们可以从多种角度反思这一事故的原因,但我想首要原因就是责任企业、规划、环评、安监、港口等单位和监管部门没有按规则办事。试想,如果上述任一部门能够依法办事,遵守规则,那这场事故是不是本来可以避免?165条鲜活的生命瞬间消失,事后无论如何补救、如何反思、如何追责,都难以挽回生命的损失,这应当引起我们时刻的警醒。现代社会越是经济发展、科技进步,越是需要强化规则意识,不然大家都不知道明天会突然发生什么意外。只有在法治和规则之下,才能从根本上保障人的生命和健康。

当今中国社会最大的问题不是没有法律,也不是没有"良法",

而是大家没有认真地对待规则。规则不单是一个个法律条文、规则不仅在纸上，更在心中、在眼前、在举手投足之间，要体现到全体公民的行动中去。用康德的话来说，人作为理性的存在，其尊严是与其遵守普遍法则的能力和意志相联系的。来到人大法学院，作为一名法律人，我希望你们能够学会如何守规则。希望你们能够在一场场法律学习中，在一次次思维争辩中，明白如何守规则、讲规则。我们法律人播撒爱、情怀与理想的最好方式，就是不论何时何地都能够遵纪守法，依法办事。特别是，我们很多同学将来都将走向法律实务工作，将参与制度设计，代理争议案件，甚至直接决定当事人的命运。请大家务必从现在起就牢牢记住，你们的坚持，决定了中国未来的法治。

每个学期的考试周结束后，我最担心的事就是，法学院是否有学生被通报考试作弊。如果出现了违规违纪的劣迹，作为法学院的院长我感到遗憾和羞愧。虽然我们对你们也有护犊之情，但我必须强调，对违背规则的同学和行为，学院和老师绝不是保护伞。在我们的学生中，也出现过试图突破规则的人，曾经有一名博士生，已经找到了心仪的工作，只要完成博士答辩，即可奔赴自己的工作岗位，前程似锦，但是在答辩环节，却发现有一篇论文不符合答辩规定。法学院守住了自己的规则，因为我们知道规则一旦被突破，就会成为千里之堤中的蚁穴。正因为博士生培养规则得到了很好的坚持和维护，后来再没有出现挑战这一规则的事情。

我们进行法学教育，就是要培养一批懂规则、守规则，更敢于在实践中坚持和落实规则的法律人。人大法学院希望通过从知识能力到理想信念的全面教育,使得每一个人大法律人都能够成为遵守规则、捍卫法治的中坚力量。同学们应当自觉地把规则意识、法治理念融入学习和生活中,手中紧握规则的戒尺,心中高悬法律的明镜,切实做到守规则、重程序、讲规矩。守规则,要靠自觉,还要靠他律。我希望在座的每一位同学都加入守规则的朋友圈,对无视规则、践踏规则的人和事都要嗤之以鼻,敢于站出来说"不",从而让法学院成为一个学规则、讲规则、守规则的纯净之所。我们坚持并相信,人大法律人输出的规则意识会对社会有带动作用,凭借我们锲而不舍的努力,规则之治必将成为社会共识,法治理想一定能够早日实现!

奉献社会,是我们人大法律人的价值使命。我们人大法学院有着光荣的奉献社会的传统。学以致用,济世报国,奉献社会,这是我们始终不渝的追求。法律学习不能把眼光局限于一院、一校,甚至一国,更不能仅仅将四年的青春乃至一生的光阴用来换一个职业、一个饭碗。人大法律人要有宽广的胸怀和开阔的眼界,放眼社会、放眼世界,汲取精华,借鉴经验,用学到的法律知识来奉献社会。我们的教师参与国家立法、司法等工作,为国家法治建设献计献策,这是服务社会;我们的同学参加法律援助,到基层普法,这是服务社会;我们的校友在各条战线奋斗,这是服务社会。我们关注并致力于解决社会问题,举一个简单的例子,食品安全是一直以来全社会最关心的难以解决的问题之一,对于这样一个关系到每一位公民切身利益但又极具挑战性的难题,我们没有置之不理,没有泛泛而谈,而是迎难而上,积极创建食品安全治理协同创新中心,联合多所高校和国家部门,从法治等多学科角度探索中国食品安全问题解决之道。我们欣喜地看到,我们的努力正在一点一滴地推动着食品安全治理水平的进步。情怀与责任,从来都不是外界的压力或诱惑,而是内心真诚的召唤。希望大家能够在刻苦钻研学问的同时,不断陶冶自己的精神,不仅要做一个合格的法律人,更要做一个懂得奉献、甘于奉献的人大法律人。

每次看到迎新典礼上你们朝气蓬勃的脸庞,我总会不自觉地联想到30年前我自己踏入中国人民大学的时候,想起一路走来法学院各位前辈老师的艰辛和不易,更为法学院今天所取得的成绩感到由衷的欣慰。我更相信,有了年轻的你们的参与,有我们全体人大法律人的共同努力,法学院的明天一定会更加美好!

最后,再次祝贺各位新同学来到人大法学院,奋发成长,祝愿各位老师和家长身体健康,万事如意!

我们为什么需要法学院[*]
——人大法学院2016年新生见面会致辞

各位同学：

今天是法学院的开学典礼，也是你们与人大法学院结缘、与法律职业结缘的开始。作为院长，我想与同学们共同思考也许大家已经熟悉的话题，我们为什么需要法学院？法学院的灵魂与使命是什么？

经过焦虑、苦恼与期待，你们填报志愿时选择了人大法学院。人的一生有两个不可抗拒的命运安排，一是父母赋予你生命，幸福地来到这个世界；二是在偶然或必然中选择母校和专业。这种缘分将伴随你们一生的情感，它是无法割舍的。我想知道，你们在选择法学院时想了什么？也许你看到太多社会的不公平与不正义的现

---

[*] 2016年9月15日。

象,坚信法学是正义之学;也许法律人的职业深深吸引了你;也许你认为律师职业能赚钱;也许你认为法学教授是最受人尊重的职业;也许你发现很多国家总统都有法律教育背景,你相信历史会给你机会;还有很多其他也许……无论你是何种原因选择法学院,我相信大家是经过认真思考的,心中充满着正义感,认同法学院理念,做好成为法律人的准备。但无论何种答案,不能回避一个问题,即为什么需要法学院?法学院存在的意义是什么?

法学院是现代大学的支柱

大家知道,近代意义上的第一所大学是建于1088年的意大利博洛尼亚大学。该校设立的第一个学科是法学,然后有了医学与神学。也就是说,世界上第一个法学院诞生在这所大学,迄今有920多年历史。为什么世界上第一所大学开始只设立法学、医学与神学?因为法学乃是人心的安放,医治社会的病;医学乃是解除身体之疾苦;神学乃是安顿灵魂与信仰。三者虽属于不同的知识体系,但有一个共同点,即以人为出发点,使人享有尊严、健康与信仰,而健康与信仰也需要法律的保障。可以说,从人类第一所大学开始,大学与法学院紧密地结合在一起,法学院与人类命运结合在一起。随着社会的发展,大学虽然有变迁,拓展了新功能,如知识创新、社会服务等,但大学捍卫时代精神的使命并没有变。大学这颗人文精神的种子播下之后,在它发芽、长成幼苗及至参天大树的过程中,均有一个保护神在呵护、引导它的发展和壮大,这个保护神就是正义。可以说,法学院不仅承载着大学追求知识、力求创新、探索真理的光荣与梦想,而且是大学恪守社会责任、实现人文精神的后盾与支柱。从古自今,大学与法学院就是相生相伴、不可分离的。因此,一所著名的大学,离不开一所优秀的法学院;一所优秀的法学院必将造就一所伟大的大学。世界一流的大学,如哈佛、耶鲁、牛津、剑桥等,无不拥有一所优秀的法学院。

中国法学院的设立,也与第一所大学的诞生相生相伴。北洋大学(天津中西学堂),始建于1895年10月2日,是中国第一所现代大学。当时,正值甲午战后,中国败于日本,朝野深感兴学救国之必要,而救国需要治国人才,特别是法律人才。建校伊始,"律例"便是最初开设的四门专业之首。因此,北洋法科具有"近代中国的第一个法律教育机构"之称。1899年第一届学生毕业,北洋大学颁发的中国历史上第一张大学文凭就是法科文凭,而第一张法科文凭获得者是王宠惠,他后来成为民国时期的著名宪法学家,成为近代中国法学的奠基人之一。

我国第一所法学院(法律系)是1950年成立的中国人民大学法学院。1949年10月1日,中华人民共和国成立,12月16日,中央人民政府政务院第十一次政务会议通过《关于成立中国人民大学的决定》,法律是其中的重要学科。1950年9月,学生开始正式上课,开启了我国法学教育的新篇章。66年来,作为我国第一所新型正规的法学教育机构,人大法学院为国家法治建设培养了大批优秀的法律人才。从900多年前的世界第一所大学法学院到120年前的中国第一所法学院,再到66年前的中华人民共和国第一所法学院,在这种历史的延续中,人大法学院传承着法治文明,延续着学术的脉络。法学院的历史告诉我们,一所伟大的大学,法学院是不可或缺的,法学院是一所大学精神的支柱,也是穿越历史与现实的价值纽带。

法学院是法治精神的塑造者

我们说,法治是法律的统治,法律思想的形成、法律知识的传播、法律文化的塑造、法律规则的制定离不开法律职业者。如果没有法律职业者对法律的不断研究、继受、传播和运用,我们不可能建设法治国家,也不可能实现从法治大国走向法治强国的目标。而这一切都离不开法学院。从欧洲文艺复兴运动到资产阶级革命的胜利,再到现代各国法治的实践,无不与法学院存在千丝万缕的联系,它们不仅培养了对社会发展产生重要影响的法律家、政治家与杰出学者,而且对法治文明的传承起到了至关重要的作用。可以说,如果没有法学院,现代法治的理想得不到实现,更不能塑造法治精神。法治是一种价值、一种目标,更是我们的基本生活方式。法治精神并不是抽象的,它实际上是一套规则体系,需要人们首先遵循规则。最近媒体曝光的辽宁省人大代表选举中出现的大规模的贿选事件,让我们法律人陷入反思与困惑之中,在共和国土地上为什么会出现这种公然挑战法治的现象?如果我们不坚持法治,不弘扬法治精神,将无法保证此类事情再次发生。

法学院是法律人的精神家园

人文精神的捍卫是现代法学院的道德力量,也是它存在的意义。法学院的核心任务是培养法律人,培养和训练法律职业者所必须具备的专业知识和基本素质。可以说,法学院的发展,受到法律职业的影响和制约。但是,基于"法学是正义之学"之理念,法学教给学生的首先不是知识与技巧,而是法律人特殊的品质,即以正义的维护作为生命的价值。法学院不是一所高级的法律职业培训机构。作为大学的一部分,法学院并非局限于实用人才或"法律技工"的培养,更要塑造良好的法律人格。在这里,人文关怀得到前所未有的高扬,人的尊严与自由获得切实的维护,制度的理性被回归到人性基础之上。在这里,保存着法律人坚持正义、追求法治的理想与勇气,保持着法律人理性的批判意识,饱含着法律人关心和探讨人类命运的努力与贡献。

法学院是学术自由的捍卫者

大学精神在于自由的探索,不受外界干扰。对一所法学院来说,自由的探索与学术自由的捍卫是它的灵魂,没有自由的探索,我们就会失去灵魂,就会失去法学院存在的意义。法学院不是公司,不能商业化;法学院不是政府下属机构,要有独立的思考;法学院也不是政府的政策研究机关,不能跟风,不能只是诠释政策,要探索新的思想。法学院不能脱离社会,有时也不能回避政治话题,但法学院首要的任务是塑造学生探求正义,捍卫社会良知的精神品德。物质可以创造,新的技术可以发明,但一个社会失去正义与自由的品行,就会失去灵魂,而失去灵魂的社会,有再发达的物质文明,也无法凝聚共识。在法学院,我们自由地追求学术理想,探讨人类面临的各种问题,如环境、气候、海洋、食品安全等;在法学院,我们倡导宽容的哲学,让学生分享自由的价值,快乐地学习,自由地探索,包括自由地谈恋爱,懂得人生,学会责任;在法学院,我们要讲真话,用人类的理性、批判与建设性的思维,消除社会的不平等,呼吁正义与捍卫正义,让每一个个体获得尊严;在法学院,我们学会多样性与包容性,传递文明的价值,建构文明的秩序,让这个"疯狂"世界变得更加公平、正义,建立和平的世界秩序。在这个意义上,法学院存在的价值超越了其他所有的学科。

法学院是社会共识的引领者

健全的社会需要确立社会的基本价值共识,维护社会共同体的基本价值。缺乏社会共识的社会是可怕的,导致政府与人民之间,甚至是人与人之间缺乏基本信任,会让人们心里焦虑、不安,对明天的生活缺乏合理期待。今天你们来到了自己心中的大学,但3位已拿到录取通知书的同龄人,因被电信诈骗,骗走父母辛苦准备的学费而病死、自杀。他们跟你们一样奋斗过,在即将实现心中的梦想时,却离开了眷恋的这个世界。希望你们记住他们的名字。这两天甘肃母子的悲剧让我们揪心，一位28岁的年轻母亲对四个子女痛下杀手时，谁知道她的内心经历的痛苦？是贫困，还是社会的冷漠？所谓扶贫的政策下，那些为最低限度的人性尊严而挣扎的人们，期待什么？贫困可以忍耐，但民众无法忍受尊严被侵犯。这些事实确实让我们法律人心痛，在13亿多人口的大国，我们似乎感觉不到一个生命的消失，但对一个家庭，对父母来说那就是唯一的存在，那就是比地球还宝贵的生命。法学院是否需要做点什么？在21世纪的共和国土地上，仍然存在着死刑的冤案、错案，虽然法院宣布无罪，给予国家赔偿，但失去的生命是无法换回的。违反法治、违背人性的个案，特别是死刑案，有时会摧毁我们心中对法治的信仰，而法治得不到人们的信仰时，社会就没有共识。我们需要改变以事后的追责为中心的治理模式，让每个个体的存在获得安全感，尊重公民的生命、健康与自由，不要让共和国公民以生命为代价推动所谓的制度改革。

在这物欲横流的世界，有时我们过分关注技术，关心物质的进步，而忽略诚信与道德的价值，让我们不得不时刻提防着他人。甚至"我说实话"都成了稀缺的语言。人就是为说真话而存在的，如果人类的对话中都加一句"说实话"会搞得我们不清楚哪些是真的，哪些是假的？我们的时代正经历着道德与诚信的拷问，如不能重建诚信，我们还有美好的明天吗？如何重建社会信任与诚信，让我们每个人都感到安全？答案就是，让法治成为凝聚社会共识的的强大力量，坚持宪法至上的常识。纳税人养活630多所法学院的目的在哪里？纳税人希望法学院在捍卫正义、管理正义的同时，让焦虑不安的社会回复到安宁、稳定而和谐。法学院的使命不仅是培养人才，同时也要引领社会的价值观，以学术的尊严与使命推动社会的发展。当社会上出现大家普遍关注的个案时，民众以期待的目光等待法学院的声音，期待我们勇敢地站出来捍卫法治尊严；当社会价值观出现混乱时，我们有义务清晰地告诉社会，这个时代共享的价值观就是"国家尊重和保障人权"；当公权力与私权利发生冲突时，我们要呼吁公权力行使者以法治思维依法履行职责，维护民众的权利，不要伤害共和国公民。

同学们，从今天开始大家就是法学院的学生，是中国人民大学法学院学生。法学院前面有三个关键词，大学、人民、中国。大学为什么设立法学院？人民对法学院的期待是什么？中国为什么需要法学院？这个中国既可以是广义的概念，也可以是狭义的概念，我希望把它解释为广义的中国。以"中国"和"人民"冠名的大学法学院应成为中华法治文明的传承者，履行复兴中华法系的使命，推进从西方法律思想向世界法律思想的转型。我想你们会掂量法学院前面三个关键词的分量，内心感受三个关键词所蕴含的责任、使命、价值与自豪。

今年是我作为院长在开学典礼致辞的第八年，也是任期内最后一次致辞。在这个特殊场合，我想向大家念一下 2009 年以来的致辞题目：2009 年：金秋的欢迎与期待；2010 年：法律人的诚信与宽容；2011 年：坚守诚信的价值理念；2012 年：做一个有爱心的法律人；2013 年：做一个真实而充满想象力的法律人；2014 年：做一名讲真话的法律人；2015 年：传承人大法律人的精神品质。2016 年：我们为什么需要法学院？谢谢大家。

第二部分
2009~2017

法学的祝福与勉励

人大法律人的追求与梦想*

——人大法学院 2009 届毕业生欢送会暨"我们"毕业酒会致辞

尊敬的各位老师、亲爱的同学们：

大家好！今天我们欢聚一堂，为法学院 2009 届的毕业生举行欢送会。不知道同学们是否还记得？在各位刚刚入学的开学典礼上，我曾荣幸地向大家一一介绍了主席台上的法学院教授。当时我就说过，等到你们毕业时，你们一定会为选择人大法学院而感到自豪，以成为人大法律人而感到骄傲！而此刻，面对即将结束学习生活的你们，我很想了解你们真实的想法、感受和体验：你们是不是为人大法学院感到自豪？你们是不是为"人大法律人"这个称号感到骄傲？

同学们，再过几天，大家就要离开熟悉的校园，从人大法学院的学生成为人大法学院的毕业生、成为人大法学院的校友。"人民大

---

* 2009 年 6 月 13 日。

学法学院"从此成为我和你、全体老师和同学们共同的荣耀,终身相伴,心念相牵。是啊!从 1950 年至今,我们的法学院已经走过了将近 60 年的风雨征程,她已经步入耳顺之年,理性内敛、宽容平和、兼收并蓄、自信开放。她拥有深厚的文化底蕴与学术传统,她哺育了理论与实务并重的众多法律人才,一代又一代的人大法律人为法学院的发展付出了艰辛的努力,使人民大学法学院成为国内领先、让人尊敬的法学院。近年来又先后两次在教育部组织的学科评估中高居榜首,在创建世界一流法学院的道路上迈出了坚实的步伐。首先,我代表人大法学院全体师生员工向你们表示最热烈的祝贺,祝贺你们圆满完成了学业,祝贺你们即将走上工作岗位,踏上人生新的征程!同时,我也要代表法学院向悉心培养你们的全体教师,在你们学习期间付出辛勤劳动的办公室、图书馆的老师们以及全力支持你们学习的家人、亲友们表示衷心的感谢!

前两天,有一位毕业班同学给我发来邮件,述说了毕业前面临的种种焦虑与困惑。她希望我在毕业典礼上,能够帮助解答部分毕业生的困惑,还随信发给我哈佛大学校长在毕业典礼上的致辞。我理解这位同学的想法,也许她是希望院长的致辞中关注一下毕业生的情感、思考甚至是苦恼。的确,面对未来的生活,大家的想法是矛盾的:在东部打工还是在西部创业?在人才"挤挤"的大城市寻找栖身之地,还是投身广阔的新农村建设中"白手起家"?进好单位享受白领金领的高薪待遇,还是从事公益法律事业忍受孤独与贫穷?这些选择,说起来容易做起来难,很难有简单的结论。我知道,大家的心态也是焦虑的:学术理想与物质生活都很重要,如何兼顾?法治追求与个人名利都很诱惑,怎样平衡?单位好坏与待遇高低都很关键,能否两全?也许有些同学还对自己未来的事业缺乏自信,怀疑自己的能力,由此感到焦虑等。

在这里,我想告诉毕业的同学们,无论你们的就业去向如何,工作单位是否"理想",也无论你们将来的收入是否丰厚、事业是否"成功",你曾在人大法学院学习、生活过,法学院就给你的人生留下了最美好的记忆,而你们也都是人大法学院永远的牵挂和精神上的儿女。这种牵挂,其实并不在于你以后官职、收入的高低,或者一般层面讲的"事业"成功,而在于你们是否追求了人大法律人共同的信念,是否承担了人大法律人共同的责任,是否实现了人大法律人共同的人生意义。

人大法律人,是我们共同的名字。人大法律人的称号并不是追名逐利、趋炎附势的工具,而是一种理性、宽容、自信、开放的实践理念,是一种始终以奉献社会为己任的人生责任,是一种为中国法治的实现不懈努力的承诺与使命。作为人大法律人我们应该度过怎样的人生?在这里,我想与同学们一起分享人大法律人的价值与追求。

——人大法律人都有浓厚真挚的人文情怀。所谓人文情怀,就是关心人、爱护人、尊重人的生命和正当权利,强调人的生存与发展。以人为本,是人大法律人的核心价值追求。在这个世界上,最高贵的莫过于人的生命个体的存在,人大法律人要高扬人文关怀,维护人的尊严,捍卫人的权利,自觉地把制度的理性回归到人性的基础上。

——人大法律人都有崇尚法治的坚定信仰。人大法律人以法治为信仰,相信法治的力量,关注法治的发展,维护法制的权威,做法治的实践者和参与者。信仰法治、依靠法治、维护法制,是人大法律人的行为动力。希望同学们坚定追求正义的信念,志存高远,努力成为共和国法治的参与者、推动者,秉承公平正义的理念,坚定捍卫法律权威的信念,以国家富强和人民幸福为己任,诚信做人、严谨治学、勤奋工作,成为国家法制建设和民族振兴的有用之才、栋梁之材。

——人大法律人都有求真务实的光荣传统。实事求是的光荣传统和行动理念,影响了一代又一代的人大法律人。无论在何时何地,他们都始终秉持实事求是的优良作风,老老实实做人、踏踏实实做事、认认真真治学,坚持自己的信念,坚持独立的思考,坚持追求真理。希望同学们虚心学习,勇于创新,关注现实世界,注重知识积累,不断提高自身素质,努力做到知行统一。

——人大法律人都有强烈的时代精神。奋进在时代的前列是人大人的精神。我期望你们关注民生,关注未来,成为时代的先锋,成为法治生活和法律秩序的创立者、守望者。人生的道路上,会有成功和机遇,也会有挫折和失望。身处顺境时,要居安思危、不断进取;身处逆境时,不要萎靡彷徨、一蹶不振,唯有在失望中看到希望,在绝望中寻找希望,方能砥砺进取、百折不挠,谱写出无愧于时代的精彩和辉煌。

同学们,从人大法学院毕业并不意味着学习的结束,而是学习的继续。社会是一所更大的学校,更多的知识要靠大家在工作岗位中学习、在实践磨炼中提高。希望同学们在走上工作岗位后,继承和发扬人大法律人的传统,尽快适应新的工作环境,要勇于面对现实,迎接人生的挑战。我和法学院的老师们对你们充满信心、充满期待。

同学们,我们大家来自五湖四海,如今又要奔赴四面八方。毕业前夕毕业生的情感世界是最真实的,面对熟悉的校园、朝夕相处的同学以及悉心教导我们的老师,同学们肯定有一种依依惜别的情感。你们是学院发展的亲历者,也是学院建设的参与者,你们留下了成长的足迹和友谊的记忆。作为你们的老师,作为院长,此刻,我感慨万千,与你们共度的时光,将成为我的人生中美好的回忆。当同学们即将离开校园时,真诚地希望同学们带走人大法律人的欢乐,忘掉一切曾经的不快、烦恼,以崭新的姿态迎接未来的挑战。

同学们,人大法学院是我们共同的家园,永远都是我们情感的纽带。我们的情感将永远被人大法学院紧紧地联系在一起。明年,我们将迎来法学院成立60周年。希望同学们继续关心、支持法学院的建设和发展。我相信,作为人大法律人,无论你在何处,当你打开人大法学院的网站,阅读"人大法学"时,来自共同家园的信息会使你感到温暖,感到振奋,感到自豪。让我们把人大法律人的精神带入未来生活的每一个细节,共同分享人大法律人的荣誉与骄傲。

衷心祝福毕业生们,祝你们每一个人前程远大,事业辉煌!

最后,我提议,请大家举杯,为了各位老师的身体健康,为了毕业生同学们更加美好的前程,为了人大法学院更加美好的明天,为了共和国法治更加美好的未来,干杯!

人大法律人的爱心与自信[*]

——人大法学院 2010 届毕业生欢送会暨"我们"毕业酒会致辞

各位老师、各位家长、亲爱的毕业生同学们:

今天是我就任法学院院长以来第二次在毕业酒会上致辞。法学院院长们在开学和毕业典礼上的致辞仿佛已成为各法学院的一种独特的文化。我知道,各位毕业生很珍惜离校前最后一次校园活动,很在意院长说些什么。在校期间你们已经听到了许多讲话,倡导式、说教式的措辞是不受你们欢迎的,你们想听到的是亲切的、充满人性关怀的、出自于内心的表达。今天的酒会就是为同学们提供近距离地与老师们接触、师生们无拘无束地交流的平台,希望毕业酒会给你们留下美好的记忆,在这里请同学们忘记曾经的不愉快,忘记因就业压力带来的苦恼、不安,以一颗平常心来面对,来享受今

---

[*] 2010 年 6 月 20 日。

天的盛宴。也许我们做得还不够，但希望你们理解我们的苦心。法学院的全体老师们会牵挂所有毕业生同学。在校的时候，我们彼此之间可能还感受不到无法忘怀的师生情谊，但在你们即将离开时这种感受会更强烈、更真实。

在这里，我谨代表法学院全体教职工，向圆满完成学业、即将走向人生新起点的毕业同学们表示最热烈的祝贺和衷心的祝福！向兢兢业业、为培养合格的人大法律人而付出辛勤劳动和汗水的各位老师表示最诚挚的谢意和崇高的敬意！向不辞辛劳、始终关注着同学们成长的各位家长、各位亲友和社会各界人士表示最衷心的感谢！

人大法学院的毕业酒会是弘扬法学院传统、大家共同感受法学院文化的重要仪式，也是我们这个法律共同体事业追求与信念坚守的展示平台，充盈着只有人大法律人才能感受到的浓浓的师生之意、友谊之情与惜别之念。我还记得你们参加开学典礼时充满期待的眼光，记得你们朝气蓬勃乘着梦的翅膀踏歌而来，转眼间，你们就要驾驶满载知识与思想的航船疾驶而去。这样的季节，这样的情怀，我们共话别离的不舍与眷恋，共享桃李的芬芳与悠长。

我深深地为同学们对人大法学院的信任与情义所自豪，也为同学们在人大法学院留下的欢乐与美好记忆而深感欣慰。看到师生依依惜别的情景，我的心中也着实有一点伤感。而同时，作为院长，我也感到内疚。因为我看到一些同学为了在法学院图书馆占位置，不得不一大早在门口排队；在今年毕业生座谈会上，我听到一位同学说起本班一位经济困难学生的艰苦学习环境，他不愿意让家里和学校知道他生活上遇到的困难,而是选择自己默默的承受着压力;我还了解到不少同学在就业前已经体会到了找工作的艰辛和无奈;等等。我时时在想,如果我们有更多的图书馆座位、更加体谅关心每一位在校学生的生活、做更好的就业指导,也许会增加你们的快乐,减少你们的苦恼。我希望通过我们的努力,能够改变这些,使明年的毕业生们不再有你们曾经的遗憾。我们已经付诸行动了,法学院图书馆新的阅览室正在施工,很快将增加至少 200 个自习座位,新学期开始后,我们的同学也许不用再早早地起来排队占位了。

同学们,你们是人大法律人共同体的永久成员,我们在一起度过了少则两三年,多则六七年,甚至是近十年的时光,你们为人大法学院——这个我们共同的精神家园——的全部付出与汗水,已经融入她的每一寸地方,永远不会消失。这些年来我们共同经历和见证了许多重大事件和光荣时刻。我们记得,汶川地震后,每个同学眼中流露出的悲伤和关爱之情,我们师生一同以自己的行动去帮助受灾同胞早日摆脱困难;我们记得,在举世瞩目的北京奥运会中,我们的同学担任了奥运志愿者,用无私的劳动和真诚的微笑保障了北京奥运会的成功举办,深深体会与全体中国人的脉搏一起跳动的自豪与光荣;我们还记得,祖国 60 周年大庆,在群众游行的队伍中,又有我们人大法律人的身影,同学们在排练场上挥汗如雨,天安门前英姿飒爽尽展风采。这些场景我们记忆犹新,历历在目。

同学们,你们是人大法学院迅速发展的见证者,也是实现"国内领先、世界一流"腾飞目标的参与者和践行者。什么是"世界一流法学院"的内涵?评价指标有哪些?对此也许会有不同的答案。但有一点是可以肯定的：没有一流的学生，永远不会有一流的法学院。人大法学院的坚强、自信与自豪源于你们对法学院的信任与爱心。是你们为法学院捧回一座又一座奖杯、赢得一个又一个荣誉。有的同学在"杰赛普"国际法模拟法庭比赛中取得佳绩；有的同学在名校辩论赛中荣获桂冠；还有的本科同学获得了全国"挑战杯"论文科技大赛特等奖；也有同学在遥远的非洲担任爱滋病防治志愿者；有的同学在法律援助中心做志愿者，向弱势群体提供无偿的代理诉讼，依法维护他们的合法权益；有的同学为培智中心学校的残障儿童们提供志愿服务、在明圆民工子弟小学普法支教；还有同学参加"宁养志愿服务"，开展临终关怀，为即将离开人世的生命送去最真诚的关心和慰藉，我们人大法学院的学生们已经坚持了7个年头，从最初的5名发展到现在的50余名志愿者，我看过志愿者写的日记，为同学们的爱心所动容，人大法律人用真情书写了人性的光辉，维护了生命的尊严。

——罗列毕业同学们取得的成绩，我可以自信地认为：毕业于这所一流法学院的学生是足够优秀的，你们当中注定有人会成为未来中国最优秀的法学家、法官、检察官、律师，或者是杰出的政治家，乃至于各个行业的领军人物。当然，也可能有很多毕业生最终只成为一名普普通通的法律工作者，扮演着平凡的社会角色，也许我们的工作岗位不同，也许职位不同，但作为人大法律人，我们都必将积极影响和推动社会进步和法治发展。

人大法律人共同体的强大凝聚力是法学院发展前进的不竭动力，而"人文情怀、追求真理、崇尚法治、奉献社会"正是凝聚人大法律人的共同价值观和崇高理念。要建设令人尊敬的法学院、建设值得所有人大法律人和我们的后代为之骄傲的法学院,每一位人大法律人都必须切实履行作为一流法学院的社会责任,弘扬法治精神,维护公平正义。再过 106 天,人大法学院将迎来她的 60 华诞。60 年来我们培养的学生获得了社会的普遍认可和赞誉,我想这是对一所法学院能给予的最高的褒奖了。而等到 10 月大家来参加院庆的时候,你们的身份也将变为真正意义上的校友了。未来的校友们,让我们用自己的行动不断践行法学院的理念,激励、带动后继的人大法律人,更加坚定对法律事业的执着追求,将人大法律人共同的价值观普及到全社会。今后,在全体校友的共同努力下,法学院校友联络活动的平台将会越来越多,各地校友会也在纷纷成立。你们到了新的工作岗位后,将会感受校友们的真挚情感,感受到人大法律人共同体的温暖。法学院将会以更加灵活多样的形式将关心和爱护之情传递到你们身边,增强大家对人大法学院这一精神家园的归属感。

同学们,接受大学、研究生教育仅仅是人生的起跑点,校园生活教给你们的只是基本知识和技能,而你们壮丽的人生之路才刚刚开始。走上社会,真正的考验还在后面,你会发现,除了你的工作本身,你还需要应对错综复杂的人和事,还要面对不同于校园生活的各种规则,这又往往会让年轻的你们觉得无所适从。从现在开始,希望大家调整心态去面对复杂的社会,培养快乐的生活态度,学会乐观坦然地对待人生,以良好的心态不断去适应现实,永远保持青春的活力。一个人的成长,本来就是一个不断适应发展而改造自己、磨炼自己的过程，这不仅是人生最有意义的事，也是一个人走向成熟和成功的标志。

也许有的同学还在为寻找满意的就业单位而奔波，在为难以把握的人生选择而困惑，你们焦虑的心情我们非常理解，我始终认为，不管统计的就业率数据达到百分之九十几，只要人大法学院的还有一个毕业生没有落实工作，就说明我们的就业工作还没有做到最好。我坚定地相信，毕业于这所法学院的学生是最优秀的，只是属于你的机会还没出现，这个时候请你们要坚定信心，耐心地等待机会的到来。当你拥有了坚强的自信心，具备了不急躁、不怨天尤人和遇事不优柔寡断的良好品质，就能够更容易地对付困难。只有自信的人才懂得如何充分发挥自己的能力、展示自己的才智，去做自己认为有意义的事情，从而体现自己的价值，实现自己的理想和抱负。

以往对学生的教育常忽视这一点：在专注于你们事业发展的时候，也要重视自己的生活、学会享受人生的乐趣。健康、爱、生活的艺术，是一个现代人所应当具备的。从现在开始，请大家保持良好的生活习惯，"管理好"自己的健康，以充盈的精力去面对各种事务。要学会更好地去爱，爱你的家庭，爱你的亲人和关心你、帮助你的人，爱你所从事的事业。记得在今年的开学典礼上何家弘教授讲：一个大学生在大学期间至少要谈两次恋爱。我不知道你们实践了没有？呵呵，希望我们的同学在人大能够收获你的爱情，也希望你们懂得珍惜曾经有过的美好的爱情。我觉得，人大法学院学生是有特殊气质的，即使分手，他（她）不会埋怨对方，即使没有成为夫妻，也要成为好同学、好校友。还有,关于生活的品质,不要总是呆板地生活,机械地工作,要把生活艺术化,增加你对生活、对工作的兴趣,这也自然会增添你的魅力。

同学们要毕业了,人大法学院这株经历过60年风雨考验的大树又生出了新的枝丫,结出了新的果实。你们的每一滴汗水、每一点进步、每一份喜悦、每一次成功,都已经成为法学院独一无二的风景。在这里,你们不仅仅收获了文化知识,更懂得了做人的道理,懂得了作为一个人大法律人所应承担的责任和使命。我相信你们也必将以自己美丽的年华和心智为法学院增添绚丽的光彩。正是因为有一代一代像你们这样的优秀学子,人大法学院这棵大树才会枝繁叶茂、四季常青。所以我还要说:法学院感谢你们!

每年这个时候我都在想,我们能否曲终人不散,属于你们的青春,属于我们共同的相聚,能否不要这么快地散场,但你们终究是要离去的,就像孩子们总有长大离家的一天。在这分别的时刻,希望你们都能把在人大法学院的经历当作自己一生最宝贵的财富来珍惜。当你们身处社会,面对纷繁的环境,不知所措、无从选择时,请坚持人大法律人所应有的价值观与道德自觉,坦然面对,共同维护人大法律人的荣誉与尊严。让我们共同期待人大法学院更加美好的明天!

最后,再次衷心地感谢你们!再次衷心地祝福你们!

现在我提议,让我们共同举杯,为了各位老师的身体健康,为了毕业生们更加美好的前程,为了人大法学院更加辉煌的明天,干杯!

对毕业生想说的几句话*

——人大法学院 2011 届毕业生欢送会致辞

各位老师、各位家长、亲爱的同学们：

大家下午好！

刚才，在为毕业生同学颁发第一张校友卡的时候，我忽然意识到，时间过得真快，又到了跟毕业的同学们说再见的时候了。同学们以前也许参加过欢送师兄师姐的活动，或者在网站媒体上看到过各式各样的毕业典礼，只不过那时你们都还只是旁观者，无法真正体会毕业同学们复杂的内心世界。而今天，你们自己终于成为了主角。作为院长，我平时会有很多不同场合的讲话和致辞，但其中最让我珍惜的就是一年里固定的两次面对同学们的致辞：一次是各位作为新生初入人大法学院之时，我在开学典礼上的欢迎致辞；另一

---

* 2011 年 6 月 27 日。

次就是在大家即将走出校园、成为人大法学院校友的毕业典礼上的欢送致辞。在这里,我首先要说,在人大法学院2011届全体808位毕业生即将离开校园、走向社会的时候,我代表法学院,向你们表示热烈的祝贺!向为学院教学、管理等各项工作付出辛劳和努力的老师们表示由衷的谢意!同时,还要向为学生成长付出心血的各位家长、为人大法学院发展提供支持的社会各界人士表示真诚的感谢!

同学们,作为法学院的老师和院长,我很愿意在这样的场合跟你们进行坦诚的、平等的交流,讲一些我的心里话。在即将走出校园的此时此刻,我特别想知道你们最大的困惑是什么?你对社会又有怎样的期待?我想知道,当你回顾在人大法学院度过的每一天的时候,这个学院带给你的知识和道德修养多不多?法学院的培养模式是不是达到了你入学时的期待?我是否忠实地兑现了在开学典礼上说过的法学院为你们提供中国最好的法学教育的承诺?我还想知道,学院的就业指导工作做得是否到位?你是否找到了满意的工作?太多的东西是我希望了解的。尽管法学院已经做了很多努力,但是离你们的要求难免还有差距。希望你们能把对学院的意见和建议留给我们,让咱们的法学院不断完善、不断壮大,真正成为一所受人尊敬的世界一流法学院。因为人大法学院永远都会是你们最值得留恋的精神家园!

回顾法学院走过的60多年历程和取得的成就,回顾大家的校园生活,我们心中对于60多年来艰苦创业的老前辈、老师们,充满了无限的感激之情。这所法学院拥有着令人自豪的教师团队,希望你们记住那些曾给你们上过课的老师,和那些虽没有直接上过课,但为法学院发展做出贡献的老师们，还有去世的老师们。因为你们分享和感受的法学院价值、自豪中凝聚着他们的贡献和期待。在你们学习期间，一些可亲可敬的老师先后离我们而去——曾宪义教授、陈桂明教授、郑定教授、董成美教授、赵友琦教授、叶长良教授、徐立根教授、潘静成教授、肖永义老师等。特别是今年1月逝世的老院长曾宪义教授，他在担任法律系主任、法学院院长、名誉院长期间，呕心沥血，为法学院今天的辉煌倾注了所有的心血。他们虽然走了，但留给我们太多的学术遗产，他们把很多美好的记忆留给了我们。我们今天分享的成就、自豪与自信是所有热爱法学院的老师、同学和校友们共同创造的。你们虽然毕业了，但你们不是法学院发展的旁观者，而是真正的主人，社会将通过你们来评价、检验人大法学院履行的社会责任。我们的表现已经不是纯粹的个体行为，而属于法学院这个共同体，我们不能辜负老师们的期望，包括已经去世的老师们，希望同学们永远记住他们的贡献，永远怀念他们。

对于一个以建设成"受人尊敬的法学院"为目标的学院来说，她的成功得益于历届毕业生赢得的社会声誉。法学院一直希望她的毕业生具有深厚的人文情怀，追求真理、崇尚法治、服务社会，承担一流法学院毕业生的社会责任。没有社会责任的法学院是没有生命力的，我们这个时代，一些法学院的硬件越来越好，规模越来越大，但真正支撑一所法学院的精神、道德、伦理和责任感等软件却越来越差，我甚至怀疑，我们是不是正在丧失法学院的精神、价值与道德？我们知道，法律职业绝不仅仅是一个注册登记的概念，而主要是一个内心认同和道德确信的过程。我们应该相信，只有捍卫正义、维护法律的尊严和神圣性,才能彰显人的理性、主体性以及人在社会中崇高的价值目标。

同学们知道吗?你们从即日起毕业,还会有一个特殊的人大法律人身份——你们是人大法学院经历一个甲子之后的首届毕业生,也可以说是人大法学院重新创业第一年的毕业生。你们很幸运,参与了法学院60周年院庆的活动,接受了法学院文化的洗礼。院庆期间,很多老校友远道而来,那感人的一幕幕情景让我深有感触,特别感动。握着白发苍苍的老校友的手,我感受到的是照片与文字无法承载的温暖情怀。相信大家和我一样,除了感受到人大法学院60年来的历史与辉煌,更深刻的体会便是法学院和全体学生之间跨越时空、连接心灵的这种浓厚的"人大法律人"情怀。这种情怀、情感,以前是、现在是、以后也将继续是人大法学院凝聚人心、不断发展的精神动力。

我们将与大家一道,共同建立、完善法学院校友文化。在世界著名的大学中,比如我们熟知的耶鲁大学、哈佛大学、牛津大学等等,支撑他们建设与发展的人力、物力和社会资源,主要不是来自政府,而是来自校友。大家平时也一定会注意到,无论在学术交流还是在求职面试的时候,我们都会特别注意到彼此身上相同的标签,那名片就是"人大法律人"。面向未来,我们希望能将人大法学院的校友文化提高到新的层次和水平,以更加灵活多样的形式将母校的关心和爱护之情传递给大家,增强大家对人大法学院的归属感。校友文化建设是潜移默化的过程,需要大家寻求共识,共同推动。希望同学们毕业以后继续关心、支持承载了你们一生中最美好年华的人大法学院,使"人大法律人"成为一个更有凝聚力和影响力的群体。

站在这里,我感到欣慰的是,在今天社会就业形势整体上比较严峻的情况下,大多数同学都已经找到了比较满意的工作或者选择继续深造。当然,我也能够体会到大家在求职、就业过程中所经历的艰辛和无奈,能够体会到大家面对激烈竞争时的压力。我们的社会还在转型过程中,大家都期待社会公信力的恢复,一些制度仍然需要调试和完善。在这样的背景下,我理解大家在出去找工作、与社会接触的过程中,可能遇到的问题甚至曾经遭遇过的不公平,这些令人不免产生一些迷茫纠结的情绪。从某种意义上,法律人就是生活在法治理想与现实的冲突过程中,我们的使命就是塑造法治价值,回应民众对法治的期待,使法治融入人们的生活,维护社会公平与正义。为了实现这个目标,我们法律人首先永远不要失去对自己的信心,永远不要失去对社会发展进步的信心。

今年四月,我曾访问雅典大学,与雅典大学法学院院长讨论法学以及法学院社会价值问题。这所建于1837年的大学最初的专业就是法学、医学和神学(宗教学)三个专业。法学调整人的社会关系,以解除其社会生活中的痛苦;医学解剖和研究人的生理疾患,以解除其肉体上的痛苦;神学(宗教学)讨论天人关系和灵魂问题,以解除其精神上的痛苦。三大学科分别代表着当时自然科学、社会科学和人文历史传统的最高水平,为近代世界的转型发展做出了巨大贡献。至今这所大学还珍藏着一张人体解剖床,900多年前,人就是在这张床上第一次被医学解剖的,医学家看到它就看到了近代医学的起源；而法律人就看到了使人成其为人的证据，因为人能够被解剖就证明人从上帝那里被解放出来了，人的社会主体地位复活了，人开始被关爱和尊重了。我们选择了为社会解除痛苦的充满专业精神的职业，希望大家走上工作岗位后，甚至握有一些权力的时候，请不要失去你在这里树立的法治理想，始终不要放弃你对公平正义的认同和追求。

同学们，你们很快就要离开这个校园。还让我特别牵挂的是，我了解到目前还有十多位同学没有完全落实工作。你们此刻的心情可能比其他同学更加复杂。但你们要知道，你们是中国最优秀的法学院的毕业生。现在就业的不确定只是暂时的，你当它是挫折也好，当它是等待更好的机会也罢，只要有信心、有毅力，困难挫折更能体现出人大法律人的才华、能力和品格。希望大家不要气馁，调整好心态，乐观地面对毕业，乐观地面对未来。

同学们，你们很快就要成为人大法学院的校友了。最后我还想和各位"准校友"分享一下法学院今后的发展目标。我们希望在建院 100 周年的时候，将人大法学院建设成世界一流法学院，建设成一所受人尊敬的法学院，建设成一所值得所有校友为之骄傲的法学院。从现在到 100 周年院庆，我们还有不到 40 年的时间。40 年，14 000 多天。要实现从"中国一流"到"世界一流"的跨越，每一年都很重要，每一天都很重要。这需要老师们继续努力，需要校友们继续努力，特别是要看你们未来的表现。我们的每一份努力，都是为了大家共同热爱的人大法学院的发展，都是为了大家引以为豪的人大法律人的荣光。我期待着你们的表现！

亲爱的各位同学,千言万语都无法表达老师们对你的祝福。无论将来你从事什么工作,我和老师们都会祝福你的发展,人大法学院也永远欢迎你常回来看看!真诚地祝福大家,祝同学们在未来的人生道路中健康、自信、宽容、快乐!

谢谢大家!

做一名内心纯净的法律人[*]

——人大法学院 2012 年毕业典礼致辞

各位老师、各位家长、亲爱的同学们：

大家下午好！

首先，真挚地祝福同学们圆满完成学业，即将踏上人生的新征程。今年的致辞中我没有用"代表法学院"，因为你们还没有毕业，此刻你们是法学院的同学，正享受着同学间的友谊。但过几天你们走出校门，成为人大法学院校友时，你们必须完成从同学到校友角色的转换，将习惯于听院长"代表法学院"的表述。欢迎从苏州专程来参加典礼的同学们，虽然在不同的校区，但我们共同分享着法学院的文化与价值，我们都是法学院大家庭的一员。借此机会，向为同学们的成长付出辛劳的各位老师表示衷心的感谢！特别向远道

---

[*] 2012 年 6 月 17 日。

而来参加毕业典礼的各位家长表示热烈的欢迎和诚挚的问候！你们是同学们成长成才的坚强后盾，法学院感谢你们。今天我们还邀请了一位特殊的客人，已故人大法学院杰出校友——苗为民老校友的儿子苗勇同志参加今天的毕业典礼。

今天是一个特殊的日子——父亲节，同学们知道父亲节的来历吗？它起源于1909年，有一位叫布鲁斯-多德的夫人，为纪念含辛茹苦地养家的父亲，向政府建议设立纪念父亲的节日。这一天大家会以不同的方式表达对父亲的敬意。生命是父母给的，我们永远要感恩父母。同学们有没有向自己的父亲表示感恩和祝福？如果还没有，现在或者典礼结束后尽快给自己的父亲打个电话或者发短信，男生要道一声"老爸，祝父亲节快乐"，女生要说"老爸，我爱你！"

在每一年的毕业典礼上，我看到同学们的笑容，也看得到泪水。大家的喜悦是由衷的，不舍是发自肺腑的，这种情感非常纯粹，是用时间来凝结的。也许你们对学校、对法学院的一些工作并不都满意，但别忘了，在这个校园里你们结识了同学、朋友，有的同学还收获了爱情。你们为法学院，为老师，为明德楼留下了太多的美好记忆。这些天我看到毕业班同学可爱而熟悉的面孔，我脑海中蹦出了几幅画面：记得刚担任院长后，我看到很多同学在明德楼着急地等电梯，就只乘坐二层、三层，我确认是法学院学生后，就告诉大家，到二三楼上课不要乘电梯，要步行上下楼，既锻炼身体，又保证时间。有时我带着同学们一起步行上楼，结果有一段时间，一看到我走进楼梯口，一些在等电梯的同学赶紧跑上楼梯。还记得我去卫生间，男生们进来和我站在一排，还不忘亲切地问候"院长好"……想起这些点滴小事，我觉得我们的同学们真的很可爱。

我们法学院师生之间心意相通,此时此刻,更能感受到大家在毕业时的情感。作为院长,作为教师,我深知同学们在毕业之际的复杂心情。经过了两年、三年或四年的学习,有的同学此时已经找到满意的工作或收到了继续深造的录取通知书,但个别同学却依然为不确定的未来而彷徨焦虑,也有同学因可能在两地工作而经历着爱情的考验。这些天来,毕业班的同学通过各种方式,向我表达成功的喜悦,也反映在就业中或者生活中遇到的各种问题和困惑。我想告诉大家的是,在未来的选择上,难免"好事多磨",难免会有周折,请大家保持淡然的心态,机会一定会到来。这些话不是随口说说宽慰大家。因为每年临近毕业了,一些同学的毕业去向还没有确定,但是最终的结果都还令人满意。所以,希望大家积极准备,时刻准备,不要灰心。不管怎样,我始终对大家充满信心,相信人民大学法学院培养出的每一名同学,都足够优秀,只要敢坚持、肯付出,都一定能找到人生的新坐标,开始人生的新旅程。

这几天与部分毕业班同学交流中,我确实感受到你们对法学院的浓浓情意,也感到我们工作中的一些不足。老师为你们的每一次成功感到欣慰,也同时对你们暂时的困难深感关切,也为不能解决所有同学的困难感到内疚。由于毕业论文检测不合格等原因,几位同学不能如期毕业获得学位,将延期半年或者一年毕业。这是严格按照规则办事与我们情感之间的矛盾,法治毕竟是规则之治。当我们依照程序做出某种决定时,其实内心也是非常矛盾的,但我们需要有基本共识,规则必须严格遵守。当然,学生身上出了问题,不能完全责怪学生,作为院长有的时候需要向学生表示歉意,我们需要反思，假如我们更加严格地要求学生遵守学术规范，更加仔细地审阅学生论文，也许这些同学就不会出现论文不过关的问题。同时，我们作为教育工作者也应该反思，当我们不得已依靠检测软件等技术手段来确认学生的诚信时，内心是什么滋味。我们师生之间似乎缺少了信任，这与法学教育所倡导的理念是相背离的。师生成为检测者与被检测者的现实，让我们无奈地陷入理想和现实矛盾的困惑之中，我真切地期望在宁静的校园中能够重建信任，让诚信成为我们生活的准则与方式。

这些天也有同学向我诉说了毕业之际因为就业城市不同，或者不能解决北京户口，自己将与男（女）朋友面临爱情的考验。在这里我要鼓励大家，真挚的感情远比户口重要，好工作可以再找，户口有机会争取，但是美好的爱情错过了可能一生都遗憾，请大家珍惜缘分，相信爱情。让我们鼓励这些同学"将伟大的爱情进行到底"！

我在这里希望大家首先要做到的，是要有一个健康强壮的身体，拥有一个自信、宽容与平和的心态，其实就是修身的两个重要方面，从某种意义上说也是对社会尽的一种责任。在这个世界上，没有比健康更重要，比生命更宝贵的存在。当我们拥有健康时，才能感受生活的美好。其实，我既羡慕你们的朝气蓬勃，也担忧着你们的身体健康。回顾大学生活，你们有多少天是在晚上十一点前睡觉的？你们有多少天是在早上7点前起床的？你们有多少天吃过早餐？你们每周运动的时间有多少个小时？我知道你们熬夜并非都是上网、玩游戏、看电影，也会为了不挂科，为了学分绩4.0，为了雅思托福，为了应付各种各样资格考试，你们确实压力大，过得很辛苦。现实的一些不合理制度的确让你们过得太累,这些不合理制度需要我们共同改进。在这里我想告诉你们,青春不能挥霍,健康绝对不能透支,必须要有健康的生活方式。我们法学院80岁以上的老教授就有20多位,90岁以上的老教师有3位。同学们请看看今天到场的80岁以上的老教授有6位,还有多位老教授虽然至耄耋之年,现在依然活跃在课堂、各种学术活动中。这与老师们多年来保持健康的生活方式是分不开的。你们有多少人会把自己的身体健康放在稍微重要的位置,你们是否有决心八九十岁时参加学院的典礼?你们不仅要参加法学院一百周年庆典,也要有信心参加110周年、120周年……在一代又一代人大法律人的顽强的生命中延续着法学院的灵魂与精神。

同学们,健康是一切生活的最高哲学,要想成功,先要健康地成长。大家记住,人生是场马拉松,不是百米赛,健康的身体是跑完人生马拉松的基础和关键。到了社会,面对着新的环境,新的压力,新的困惑,健康对你们来说更为重要。周边没有熟悉的同学和老师,你们要独立地面对生活。作为你们的老师,我们和家长一样爱你们,有望子成龙、望女成凤的期待,但更希望你们快乐生活,健康成长!假如健康与其他事情发生冲突,建议要选择健康。

除了希望大家保持健康的身体,我还尤其希望大家能保持健康的心态。中国社会正处在转型时期,生活工作节奏飞快,社会风气显得比较浮躁,各方面压力很大。社会生活中会有各种诱惑,对身体健康的"侵权"现象非常严重。希望大家走向社会后能够有一种平和的心态,不断修炼自己的内心,学会宽容,让自己的内心纯净。在工作上、生活上遇到不如意的时候，要看得淡然一些，不要过于计较一时一事的得失。得失心太重，你会失去很多快乐。希望大家学会宽容，宽容他人，也宽容自己，常常保持乐观的心态，对别人也对自己多微笑，让你的牙齿经常"晒太阳"。如果我们克服了骄傲之心、虚妄之心，就能够在遇到矛盾问题时心态淡然，为人处世纯粹简单，自然远离焦虑悲观等负面情绪，始终保持着健康的心理状态。

作为老师，每次在新闻里读到我们法学院校友们的先进事迹，都会深深为我们的学生感到骄傲和欣慰。同时，每当注意到那些徇私枉法的负面报道，尤其是从事法律职业的人"出事"，我都会深深地担忧，更发自内心地期望，这样的事情千万千万不要发生在我们人大法学院毕业生身上。我们这个时代，社会转型，思想多元，我们应当寻求一个共识，那就是无论从事何种职业，人大法律人要内心纯净，始终坚守社会责任感，做一名合格的公民，做一名合格的法律人。

刚才我们追认已故的苗为民校友为 2012 年度人大法学院杰出校友，大家近期可能从《新闻联播》、从很多媒体上了解到苗为民校友的感人事迹，他是一位普普通通的法律工作者，他用自己的信念与坚守，在平凡的岗位上兢兢业业，无私奉献，诠释了一名公民的道德良知和法律人的风骨。在大家即将走向社会的时候，我希望大家除了带走象征着你学业的证书，更要带走法律人的坚定信仰与社会责任感。大家今后从事不同的工作，但是不论什么岗位、什么职责，从人大法学院走出去的学生，都应当具有与苗为民校友一样的襟怀与气节。

当然，强调法律人的社会责任感，并不是要大家都去做惊天动地、扭转乾坤的大事，而是无论什么时候什么环境，都要坚守法律人的底线,在心中保持一种纯粹的法治信仰、法治理想,善于从细节做起。有的同学可能会说,我现在连最基本的就业问题、住房问题等都没有着落,谈履行社会责任有些不切实际。其实不然,国家的法治建设不是虚幻的,是落实在每一个人的内心和一点一滴的行动中的,荣辱感、道德感、责任感是需要我们一以贯之地坚持。其实,奉献不是多么高的道德说教,做好本职工作就是奉献;为人民服务不是多么难的事情,坚守职业道德就是直接地为人民服务。社会上经常批评一些单位"脸难看事难办"。将来,大家都要成为"单位人",要面对各种各样的工作对象。大家能不能先从自己做起,设身处地地为当事人着想,尊重他人、尊重每一个人,希望大家不要通过制度谋一己私利,不要让你所设计的制度成为公平正义的阻碍。

同学们,我们都有作为人大法律人的自豪与追求。人大法律人是有自己独特气质的,大家的责任和担当、大家应具备的素质要有更高的标准和要求。从大家进入人大法学院那一刻开始,法学院的荣辱就与我们每一位同学密不可分了,甚至说中国法治的未来就与我们息息相关了。我们承认,社会生活中存在着不尽如人意的地方,存在着社会缺乏共识,社会信任"断裂"等现象,正是因为这样,法律人的坚守和标杆才更有意义。我们无须发牢骚,需要的是责任和建设性的行动。遵纪守法,坚持底线,奉献社会,这是我们人大法律人最朴素而宝贵的品质。

总结起来,今天我向毕业生同学想表达的话,就是八个字,健康、坚守、纯净与追求,那就是:在未来的生活中,健康体魄是基础、合格公民是底线、纯净内心是根本、追求法治是理想。

我知道，今天的毕业典礼一结束，大家将在祖国乃至世界的各个地方，为理想奋斗、奔波。在这里我也向大家发出邀请，人大法学院的大门永远向大家敞开，不论何时，我们都欢迎同学们常回家看看。人生常有得失，岁月几多悲喜，但在人大，在我们的明德法学楼，永远有大家的青春记忆，有这样一方安静之地，有一群你熟悉的老师等你相聚！

最后，祝愿各位同学健康、快乐、幸福！

谢谢大家！

寄语法学院 2013 届毕业生[*]
——人大法学院 2013 年毕业典礼致辞

亲爱的同学们:

　　记得你们入学时,我作为院长在开学典礼上曾承诺:当你们毕业时不会为选择人大法学院而后悔。然而当你们即将踏上人生的新征程时,我的内心却是不安的:我的承诺是否兑现?我注意到,个别同学的工作还没有落实,部分同学虽找到了工作,但未必满意。我理解此刻同学们的心情,除了法律服务市场的变化外,我们自己也需要反思,人大法学院这张名片含金量到底如何?

　　过几天你们将离开校园,走向既熟悉又陌生的社会,心中未免恋恋不舍。你们为法学院留下了太多的美好记忆,感谢你们参与了法学院发展,感谢你们对法学院真挚的情感。你们选择人大法学院

---

[*] 2013 年 6 月 17 日。

是一种缘分,从此结下了永恒的感情纽带。这种纽带将连接你和母校,你和老师,你和同学之情,也会成为应对挑战的精神动力。人生并不一定与成功相伴,失败与苦恼也是生活的一部分。希望大家铭记人大法律人的生活信条,实现"人文情怀、追求真理、崇尚法治、奉献社会"的价值观,并通过你们杰出的表现,赋予其更丰富的内涵与生命力。

走入社会,你们会感受到,生活就是"好事多磨",难免会有周折,保持淡然的心态是非常重要的。人大法律人是坚强的法律共同体,它所坚持和传播的法治精神具有无穷的力量。价值的选择是优先的,我们要以"人文"为生活哲学与道德力量,要坚守法治底线,捍卫法治精神,追求法治理想,致力于塑造人性之尊严,把爱传播到所有弱势群体之中,让正义之光普照祖国大地,使共和国的每个公民都拥有尊严与自由。

希望你们勇敢地拥抱未来,保持自信与乐观。而自信建立在健康之上,所以特别嘱咐大家要珍爱自己的健康。健康乃是人生的最高哲学,要想成功,必须有强壮的身体。人生是场马拉松,不是百米赛,健康的身体是人生最大的财富。

希望你们在工作中感到疲倦、苦恼时,能够回想起你们在人大的生活。人大法学院会牵挂你们,会成为你们坚强的后盾。人生常有得失,岁月几多悲喜,人大法学院永远是大家可寄托的温暖精神家园,岁月虽流逝,精神家园永存。

最后,送毕业生同学八个字:健康、自信、宽容、责任。

校友与缘分[*]

——人大法学院 2014 届学位授予仪式暨毕业典礼致辞

尊敬的各位老师、各位家长、亲爱的同学们：

大家下午好！毕业典礼是一种庄重的仪式，更是让每位毕业生难忘的时刻！你们的家人也来到这里，共同分享你们的喜悦。首先，我谨代表人大法学院全体教职员工祝贺 2014 届毕业生圆满完成学业，即将踏上新的征程，谱写新的人生篇章！感谢老师们付出的辛勤汗水！今天有 300 多位毕业生家长和亲属出席典礼，感谢家长们的信任与支持！我在这里还要特别向从外地赶来参加仪式的香港法学硕士毕业生、苏州校区的毕业生、在职法律硕士毕业生以及研究生课程进修班毕业生们表示祝贺！

也许是一种缘分，你们中的很多同学，特别是本科生同学是 2010

---

[*] 2014 年 6 月 19 日。

年9月步入人大的,那年是人大法学院建院60周年。你们亲身参与、见证和感受了法学院在新的一个甲子开端中的发展进程。无论你来自何方,去往何处,从你进入法学院的一刻起,命运的丝线便将你们和法学院紧密相连,结下了一生一世难以忘怀的缘分。缘分将我们凝聚在一起,你们即将成为人大法学院的校友,缘分将成为校友和母校之间的感情的纽带。缘分造就了校友,校友延续着缘分。

想到这个主题,我立刻去查找了"校友""缘分"这两个关键词。校友一词来自拉丁语 alumnus,原意就是学生。母校的英文是 almamater, mater 是"母亲"的意思。从词源上看,母校与校友是一组类似于"母与子"一样不可分割的概念。"缘分"则指因缘定分,命中注定的机遇。缘分也不限于二人之间,一群人之间也可被缘分所维系。我想,校友与母校的缘分就是一种难舍难分的情感。大家可能看到报道,一个星期前,我参加了在巴黎举行的"中国人民大学法学院欧洲校友会"成立大会。当看到来自欧洲各国的法学院校友时,我心中充满着感慨与欣慰。校友们在欧洲传递着人大法律人的精神与文化,时刻挂念着母校的发展,以坚强、自信与宽容的精神实现着自己的梦想。我记得,有位来自葡萄牙的本科毕业的女孩,回顾自己在人大校园的生活时,灿烂的表情中流露出对同班、同一宿舍同学的想念,说毕业后特别珍惜因缘分结下的同学友谊。她给老师们准备了自己做的贺卡,在给我的贺卡中写道:法学院给予了我很多宝贵的财富,来自五湖四海甚至国际的友谊,让我们获得知识,丰富大学生活,懂得如何去面对人生。另一位在法国读书的毕业生,谈起毕业时因留学国家不同而分手的男朋友时,是那样的真诚,为曾经的男朋友取得的成绩感到自豪。虽然是有缘无分，但她对爱情与同学之情的理解让我很欣慰。所有校友都有让母校值得自豪的故事，他们坚持法学院的品格与责任，以出色的工作为母校带来荣誉。

有时，缘分之中也难免夹杂着无奈和遗憾。每次见到对母校充满感情的校友时，我作为院长有时也感到一种惭愧与遗憾。我也反思，我们对你们关心不够，有些时候学院虽然是在按照制度办事，但在处理具体事务时由于缺乏感情的沟通，也许会让你们留下不愉快的印记，这些事情本应做得更好。最近读了网上热传的武大本科生对中国教育制度反思的文章，我也想了很多，开学典礼时说的"我们会给你们最好的法学教育，会爱护每一位同学，让你们毕业时不会为选择人大法学院而后悔"这一承诺是否都实现？我心里清楚，没有完全兑现，如有的同学还没有找到工作，有的同学找到的工作并不一定是满意的。为了各种考试、求职，你们太辛苦了，我能感受到你们的困惑、痛苦与徘徊。其实，学校和学院也一直尽力为大家创造好的学习生活环境，例如，今年学校给宿舍安装了空调，圆了同学们多年心愿，虽然毕业生享受的时间短暂，但你们可以在凉爽中解除疲劳，为第二天考学求职、忙碌奔波而储存能量，当然，这也给大家熬夜欣赏精彩的世界杯比赛提供了舒适的环境。即将走出校园时你们或许有委屈和抱怨，但我希望你们把负能量清除掉，带着好心情、正能量走出校园。我们会真心倾听你们提出的意见和建议，用行动兑现承诺，改进我们的工作，让你们的学弟、学妹们今后更加感受到家的温暖，延续这种缘分。

老师们珍惜并享受着与你们结下的缘分,你们给母校留下的点滴的记忆丰富着缘分的内涵。我们喜欢你们入学报到时的活力,像一群振翼欲飞的雏鹰,给法学院带来了勃勃生机。老师们和你们父母一样,时刻关心你们的生活和成长。我难忘你们因参与支教、助残、法律援助、临终关怀等志愿服务活动而流下的潸然热泪,写下的感人日记。我赞赏你们在学术和实践比赛中的优异表现,给学院赢得了一个又一个荣誉。明德法学楼的每一个角落都留下了同学们成长的印迹,法学院因你们的存在而充满青春的朝气!

同学们,人生就是由一颗又一颗记忆珍珠串成的项链。你们在经历中成长,在成长中感悟,把在人大法学院这几年的日日夜夜凝结成了一颗晶莹闪亮的记忆珍珠,在今天送给了自己也送给了学院。你或许记得暑假在海外名校游学时的兴奋心情;你或许记得春天玉兰花开的清香,夏天明法阶梯的清凉夜晚,秋天银杏落叶的金黄,冬天寝室里的温暖梦乡;你或许也还记得物不美价不廉的食堂饭菜、不稳定的宿舍网速和浴室水温;你或许也还记得考试周的熬夜备考……同学们,缘分就是故事,就是回忆。在人大法学院的这些年,太多的人和太多的事,太多因缘际会的点滴需要你们记忆。

我也知道,你们还有一些象牙塔外的记忆。你们关注国家,关注社会,关注法治实践。通过报纸、微博、微信,你们批阅奏章式地输入着国家的大事和小情,指点江山式地输出着自己的观点和声音。你们记住了唐慧案、吴英案、李某某案、夏俊峰案和"3Q大战"。在人大,法学院学生比较较劲,谈论有些规则、政策背后的司法和法理问题时，不知不觉法学功底扎实了，法律思维养成了，从而你们记忆了法律人的责任和良知。

过几天，你们即将迈入名为"社会"的另一所大学。希望你们无论将来身处何地、身担何职，都不要忘了人大法律人应永远铭记和发扬的"人文情怀、追求真理、崇尚法治、服务社会"的价值观。

你们进入社会，会遇到价值与现实的冲突，多年怀抱的理想有时经不起多长时间的考验就消失了。相信大家每天都能为自己的理想培土、浇水、施肥，敢于坚守，始终充满着理想的追求与法治的信仰。每年毕业致辞，我都会强调健康的重要性，健康的身体是人生的最高哲学，也是事业成功的根本。在大学，你可能没有养成规律的作息习惯，影响了你们的健康。今后一定不要忘记锻炼身体，作息规律，少让亲人为你操心、揪心。外在的健壮与内在的高雅应齐头并举，在座的各位，都是有气质的人大法律人。做人的德、做事的道需要从现在起，在点滴的小节小事中修炼。毕业是一个袒露心扉、吐露真言、抒发真情、抛却恩怨的时机，我建议你们能鼓出勇气向有过争执、矛盾、不快的同学说一声抱歉，毕竟相聚一场也是缘分。步入社会后，也要心境光明，行事磊落，学会尊重、谦虚、包容、将心比心、换位思考，愿你们与高尚同行，内心纯净，抛却虚伪，做一个真实的人。

衷心希望亲爱的同学们，珍藏在人大法学院的青春回忆，珍藏这些奋斗过、疯狂过、笑过、哭过的韶华岁月，珍藏同学之间、师生之间、你们和学院之间的缘分。也许你们很难记下在人大法学院生活的每个片段场景，也许你们很快就会忘记我们的唠叨与希冀。但请别忘了，无论何时，还有关爱你、关注你的老师和人大法学院；请别忘了，无论何时，常回来看看老师，看看母校的变化发展。你们留给人大法学院的是青春的背影，法学院愿做你人生路上的精神家园。愿法学院与你之间，缘分永存，情谊永恒。

亲爱的同学们，真诚地祝福你们在未来的人生旅途中健康、自信与快乐！

你们留给法学院的美好记忆*
——在人大法学院2015届学位授予仪式暨毕业典礼上的讲话

各位老师、各位家长、亲爱的同学们:

骊歌唱响,又到一年欢送和离别的时节。我谨代表法学院全体教职员工祝贺2015届毕业生圆满完成学业,即将踏上新的征程!

学成毕业是人生最好的良辰美景之一,此时此刻,你们沐浴着毕业的荣耀和喜悦。入学报到时,你们脸上洋溢的笑容至今印在我的脑海,像一群振翼欲飞的雏鹰,给法学院带来了勃勃生机,法学院的历史将记载你们的思考、你们的徘徊、你们的执着与追求。感谢你们留给法学院太多的美好记忆。因为你们的存在,这所走过了六十五载光辉岁月的学院依然充满着青春的朝气,而母校也在你们身上永远打上了"人大法律人"的烙印。

---

* 2015年6月19日。

在学校,你们用自己的行动传递着浓浓的人文情怀。参加支教、助残、法律援助、临终关怀等志愿服务活动,让你们成熟起来,更加宽容地对待社会问题,寻求理性对话。你们心中的人文追求,是遵从内心的真实倾听,是憧憬美好的激情燃烧,是追逐梦想的执着坚守,更是追求真理的社会担当。法学院特有的人格生命教育,使你们在感受生命的力量与温度的同时,将爱心熔铸于法律之中,成为一名有爱心的法律人。希望你们在走向社会后,持悲悯之心,秉法治之情,继续追求让每个人都活得有尊严的法治社会。岁月可以在皮肤上留下皱纹,却无法为法治的灵魂刻上一丝痕迹。无论将来身处何地、身担何职,"人大法律人"永远都是人文精神的坚定的捍卫者与实践者。

在学校,你们心中充满着正义与责任感。你们不仅关心国家的法治发展,关心人类法治的未来,也时时刻刻关心法学院的"法治建设"。法学院的所有规则,包括奖学金评审规程、教学培养方案等成为你们进行合理性、合法性与合宪性"审查"的对象,你们的挑剔,为规则的"正义"而表达的诉求,培养了你们的法治思维,推进了法学院的规则建设。你们学会了"法治首先是规则之治",学会把尊重规则作为基本的生活方式。走出校园,你们可能会感到不安,感到不解,甚至会觉得是讲台上的先生们欺骗了你,埋怨老师们没有教你生活的另一"潜规则"。在"潜规则"盛行的当今世界,法学院坚持教你们一套"显规则",法治国家不应有"潜规则"。法学院是充满法治理想的共同体,无论是顺境还是逆境,我们始终捍卫法治的底线。有些单位的领导可能会觉得不懂"潜规则"的人不成熟,但合格的法律人在"潜规则"面前历来是单纯的,也是"不成熟"的。人大法律人就是这样一个单纯、执着而拒绝"潜规则"的群体。请大家放心,随着法治的发展,共和国需要一大批抵制"潜规则",勇敢地捍卫法律规则的人。要坚守自己的信仰,明辨是非,扬善弃恶,与高尚同行,内心纯净,做一个真实的人,在社会中引领正义的风尚。

在学校,你们学会了担当、责任与使命。到了社会,希望你们能成为负责任、有担当而又实事求是的建构者。一个人对责任的认定和履行实际上出自他的信仰和追求。经过法学院文化的熏陶,你们已经认识到责任,初步习得了担当这种责任的能力。走向社会后,你们的心智将会更加成熟,但"成熟"不等于磨去棱角,不等于平庸世故。身处纷繁复杂的社会,面对众多的人生抉择,希望你们能如今日般铭记"人大法律人"这个称谓,以及背后所蕴含的沉甸甸的责任。法律的阳光要普照中国的每一寸土地,社会正义应该保护中国的每一个公民,而这需要在座的诸位共同努力和奉献。在未来悠长的岁月里,希望大家在努力成为一个有理想、有责任人的同时,也要力争做一个有趣的人;在享受和追逐生命激越与华丽的同时,永远不忘初心,能抬头观瞧璀璨的星空,盛开的花木,也感受到生活的灿烂与美好。

在学校,你们充满着青春与活力,分享了宽容、自主与多样性。你们学会与人交流,学会建立良好的人际关系,学会谈恋爱。谈恋爱是一种美好的体验,也是人生中珍贵的记忆。希望同学们将在人大法学院结下的爱情珍藏在心中,无论是否"成功",它都将成为一生难忘的回忆。今天的毕业典礼上安排了特殊环节,祝福在毕业前夕领取结婚证的一对毕业生夫妻。他们来自不同地方,在法学院相聚、相知并最终决定相守一生。他们在法学院不仅学习了知识、锻炼了能力,也找到了人生的另一半。毕业以后,他们决定共同赴西部工作,决心践行人大法律人奉献社会的理念。

同学们,母校是美丽人生路上的一处驿站,你们终将离开象牙塔去面对新的生活和挑战。你们留给人大法学院的是青春的背影,法学院给予你们的,除了美好的回忆,还有不竭的动力、坚定的信念和快乐的源泉!

同学们,虽然"此地一为别",但你们不是"孤蓬万里征",法学院永远是你们的精神家园,真诚地祝福你们在未来的人生旅途中健康、自信与快乐!

法律人心中的爱[*]

——在人大法学院 2016 届学位授予仪式暨毕业典礼上给毕业生新人的结婚祝福

各位老师、各位家长、亲爱的同学们：

大家上午好！

又是一年一度的毕业季，又一批人大法律人即将走出校门，进入陌生、不安或者焦虑的社会。在这里，首先要向毕业生们表示祝贺！感谢家长们的支持与理解。

对院长来说，每年的毕业致辞是一份越来越难的作业。今年由林嘉书记代表学院致辞。我的任务是，向毕业前夕领取结婚证的同学赠送纪念品。这是去年毕业典礼上新增加的节目，去年有两对，今年增加为六对。也许有同学们会问，为什么给学生个人的结婚赋予公共仪式？

---

[*] 2016 年 6 月 17 日。

自古以来，结婚仪式都承载着对新人的美好祝福。结婚证是两个人结婚的有效证明，代表婚姻的合法化。在古代，这称为婚书。无论是古代的婚书，还是现在的结婚证，都是从法律上对夫妻关系的确认。

我们知道，婚姻是家庭关系的核心。古训道"家和万事兴"。国以家为基，家以和为贵。家是我们漂泊人海的港湾，是孕育包容和迸发新生的力量。它给予我们温暖，给予我们勇敢，也让我们面对惊涛骇浪仍能从容地扬帆远航。

在大众人的眼里法律人的形象似乎是刻板的，在他们看来严肃又较真的法科生似乎不懂浪漫的爱情。但我认为，法律人是最懂得爱的，也是最浪漫的，因为法律人的爱是懂得责任，我们知道如何负责任地去爱，如何对所爱之人负责。我们知道自由公平的重要，权利义务的界限，仍选择让渡自由和放弃权利，只为一个白首不离的爱人和美满幸福的家庭。

这几对夫妻，从相识、相知到相爱是一种上帝恩赐的缘分，这种缘分使素不相识的两个人成为一生的伴侣。希望你们感恩赋予你们生命的父母，铭记成长过程中伴随你们生活的所有的人。

我们为这六对夫妻送上的美好祝福，蕴含着只有人大法律人内心才能感受的爱的哲学、爱的真谛以及爱的期待。而这种爱通过法律人的坚守，传递到社会生活之中，使爱成为支撑文明社会的道德力量与共识。

爱是世界上最宝贵、最纯洁、具有持久穿透力的情感，是一种无法用语言形容的深挚的感情。它使人类由丛林社会走向现代文明，是人类最美好的语言。作为法律人,我们应当成为仁爱之人,成为君子,拥有大智慧和人格魅力,或者用流行的话来说,要有爱的气场。也许每个人心中都有对爱的理解。我想,法律人心中的爱,至少包括善意、宽容、坚持与专业。

爱,表达善意。爱,源自相互之间的理解和认同。获得这样的理解,一定要出自内心的善意。很多时候,我们习惯于先入为主地评价一些人、一些事,或者用过于严苛的标准来要求他人。这种想法和做法容易让人陷入偏执的痛苦之中。法律有它独特的温情。在立法、执法与司法的过程中,我们要把法律当作凝聚共同体的价值共识,用良善的立法、规范的执法与严格的司法,尊重社会的多元价值,保障每个人的尊严。

爱,需要宽容。爱本身是纯洁的,但你中意的人、中意的事,往往并没有那么完美。是不是不完美就不配你去爱了呢?并不是这样。以那种标准来要求他人是不客观、不理性的。很多时候,"眼睛里揉一点沙子"才是生活的常态。我们要学着理解和接纳各种不完美,同时努力变得完美。如有宽容的心,就会减少很多肆意的痛苦。那些伤心流泪,那些黯然心碎,都是爱的代价,"人生难免经历苦痛挣扎"。然而,我们不能打着爱的名义,任意释放自己的情感,随心所欲地做一些事情。你要考虑对方的感受,要理解对方,克制自己的任性、大意和自以为是。有的同学认为率性才是真性情,但是率性和任性之间,可能只有一厘米的距离。

爱,需要坚持。爱的珍贵,不在刹那,而在永恒。在这样一个说"爱你"越来越容易、承诺越来越随意的时代,持久的爱下去才是真正的担当。作为法律人,讲话做事都要讲规则、守规矩,不要迷信"潜规则"。当你说出"爱"字、请求与对方"在一起"的时候,你就已经作出了庄严的承诺。无论是对你的伴侣,还是对待工作、对待法律职业,大家都要怀有这样的真挚情感,怀有坚定的信念。

爱,需要经营。我们每个人生来都有爱的愿望,但不一定都有爱的能力。爱是需要能力的,需要经营的,不是心里想想、嘴上说说,爱就实现了。那样的空头支票,其实是对爱的伤害。法律人的爱的能力,体现为我们的专业精神、专业技能和职业伦理。在信息化的时代,法律人要以专业方式来看待和影响外部世界。对一些热点事件,我们不能人云亦云、随波逐流,也不能做无知看客或者鸵鸟乌龟。我们要用专业精神来看待和分析所谓的"热点",要有理有据,要讲道理而非发泄情绪,要有法律依据而非单纯诉诸感性认识。作为法律人,我们看待事件应当有始有终,不能只追逐热点,不能让专业分析"烂尾",我们关注的目光要一直持续到社会正义的实现。

各位同学,如果用一句话概括上面所讲的法律人心中的爱,那就是:心存善意,常怀宽容,坚持信念,专业奉献。

最后,祝愿大家健康、幸福、快乐!

祝福人大法律人：追求爱与幸福[*]
——在法学院 2017 届学位授予仪式暨毕业典礼上的寄语

各位老师、各位家长、亲爱的同学们：

大家下午好！

细心的同学们会发现，今年的毕业典礼上没有安排院长致辞。大家知道，法学院行政班子即将换届，我即将结束院长任期。本来我们期待新任院长在今天的毕业典礼上致辞，但任命程序还在进行中，还没有正式宣布新一届的院长。所以，按照学院的安排，我代表法学院在毕业典礼上说几句话。

首先我代表法学院祝贺获得学位的所有同学，学位证虽是一个形式的象征，但它凝聚了你们在过去的两年、三年、四年也可能更长的时间里，为了你们心中的理想和梦想所付出的努力与辛勤劳动。

---

[*] 2017 年 6 月 22 日。

学术论文是你们一个字一个字写出来的,而人大法学院对你们学位论文的要求很高,我能感受到你们尝到的酸甜苦辣。今天,当你们穿着学位服,拿到学位证的时候,你们应该很庆幸你们坚持了,你们做到了。在此也感谢各位家长,没有你们的支持,你们的孩子们不会取得这么好的成绩。

借此机会,我由衷地向同学们表示感谢!四年前或者三两年前,当大家怀着对法治的信仰和对法学院的憧憬,迈入法学殿堂,成为人大法律人的那一刻起,就已经注定了我们之间的缘分与情感。在全国那么多的优秀法学院中你选择了人大法学院,或许这是偶然,或许这是必然,你们永远地跟人大法学院结下了缘分。何家弘教授说这个世界是靠缘分延续生命的,人是随缘分的,爱情也是随缘的。我相信人世间的缘分。感谢你们为学院发展付出的努力,感谢你们留给法学院的情感,感谢你们积极参与法学院的改革。你们知道有些改革对你们来说是新挑战,也许心里有些不满,但你们自觉地维护法学院的价值,愿意接受挑战,愿意参与改革过程,为此你们付出了辛勤的汗水。过几天,你们就要离开校园了,但是你们给心中的精神家园——人大法学院留下了美好的记忆,留下了你们的青春。谢谢你们。

说到这里,我不得不向同学们表示歉意。记得在你们入学典礼上,我曾经代表法学院承诺给你们最好的法学教育,让你们找到最满意的工作,无论外面的世界怎么样,在人民大学明德法学楼里面让你们感受到最大的幸福与公平。但今天,我必须承认,尽管我们做了很多努力,但法学院还不够强大,离同学们的期待仍有不小的距离。例如,虽然绝大部分同学找到了工作,但有些工作未必是自己最满意的;有些同学的论文没能在检测中通过;有些同学虽然通过了论文检测,却没有通过论文答辩,这些同学只能延迟毕业。我们的老师懂得你们已经找好了工作,希望你们顺利毕业,但是站在学术标准和学术规则面前,老师们只能选择学术标准和学术规则。其实,老师们和父母一样,总想为你们的成长提供最好的环境,总想为你们的成才创造最好的条件。但路总要一步一步走,事情总要一件一件做,或许你们已经享受到了师兄师姐所不曾享受到的便利,或许你们当中的一些人获得了别人没有获得的机会,又或许你们都将体验不到未来你们的师弟师妹所能体验到的事情。在即将走出校园的时候,你们心中会有一些遗憾,但它不会影响你们对学院深情的爱。无论怎样都是一种成长,都是难以忘怀的记忆,希望你们把这些回忆化作力量,支持你们去寻找人生中更加灿烂的风景,支持你们继续前行。我相信你们走出校门的时候会忘记一切的不愉快,因为当你走出校门之后,人大法学院的一切都会成为美好的记忆,是你割舍不掉的,这就是缘分。请同学们相信,我们一定会更加努力,为你们的学弟学妹们创造更好的成长环境。

从前年开始,法学院毕业典礼上增加了一个环节,作为一个非公共仪式,院长向毕业前领取结婚证的毕业生赠送礼物和祝福。为了避免与你们心中的公共性与私人性价值相冲突,我明确一下:第一,我没有穿导师服,穿上了西服,表明它是一个私人的仪式,是院长个人赠送的结婚礼物;第二,买结婚礼物的钱是我自己的"私房钱",不是学院的经费;第三,我所祝福的是所有追求幸福、爱情的伴侣。在宪法的阳光下,在爱的名义下,每个人都有追求幸福的权利。

在开学典礼上我说过,法学院是提倡同学们谈恋爱的,它是一门"人生实践课",我们鼓励同学们将"法律谈判"的知识首先用于谈恋爱的"实战"性训练。通过谈恋爱,你们会感受人生,学会交流,学会爱护他人,在爱的沐浴下成熟起来,特别是男同学。据说,法学院同学们谈恋爱的成功率并不高,但恋爱效果是不错的。今年有八对新人领取了结婚证,值得我们共同祝愿。

我想对八对新人说:追求爱与幸福是人生永恒的主题,爱和家庭能赋予我们力量。法律人的爱情与婚姻,应该是责任与浪漫的结合。爱与婚姻不是简单地体现在法律证书上,法律人应当知道如何负责任地去爱,如何对所爱之人负责。当你们走入婚姻的殿堂,本身就意味着一种成长。你们找到了对方,认准了彼此,共同决定要相伴一生,许下诺言要地久天长。今后的你们不再孤独,今后的你们也不再彷徨,风雨再大,总会有人为你撑起雨伞,接你回家;工作再累,总会有人帮你解压。在未来的人生中,你们会体验到获得爱的感动与坚强,你们更学会在付出爱中收获幸福。看着你们幸福的表情,作为老师,我深深地为你们高兴。毕竟人海中的相遇已经十分不易,能共度一生,更加需要珍惜。愿你们守住这份真诚和纯粹,守住这份勇气和执着,愿你们牵起手相伴一生,愿你们心相连直到永恒。

最后,再次祝福我们亲爱的毕业生同学们!作为永远的人大法律人,希望你们勇敢地拥抱未来,人大法律人精神将保佑你们!

第三部分

法学时评随想

如何成为合格的人大法律人[*]

我们先从这个题目谈起,"如何成为合格的人大法律人",它的核心概念、核心词语是人、法律和人大。要成为一个合格的人大法律人,首先需要树立法治理念,培养法律人的思维。本学期我给本科新生上《中国宪法》,第一堂课就讲什么叫人,如何理解人的意义。我是从人的重要性、人的神圣性角度论证这一命题的。

那么,人的标志是什么呢? 在英国,曾发生过一个轰动整个法学界的法律事件,一对连体婴儿,两个姐妹,如果不进行分离手术,两个人可能会同时死去。医生基于他的医学伦理,建议家长做一个分离手术,可以挽救姐姐的生命,但是手术的代价是妹妹会在手术过程中死亡。两个婴儿都是生命个体,能否做一个分离手术,以牺牲一个生命为代价挽救另外一个生命? 因为其母亲是天主教徒,她

---

[*] 2011年9月新入学本科生的《法学入门第一课》。

坚决反对所谓牺牲式的分离手术,即为了挽救大女儿的生命而牺牲小女儿的生命,这种做法不符合她的宗教信仰。但是,医生认为在两个生命不能同时挽救的情况下,可以以牺牲一条生命来挽救另一条生命,这是医生的一种职业道德。最后还是法官做了一个判断:生命和生命之间是没有可比性的,但是,在像这样一个极端的情况下,为了挽救生的可能性更大的一条生命,我们也可以牺牲另外一条生命。所以,这种手术在法律上是符合它的伦理的。最后,医院还是做了手术,妹妹在手术过程中死去,姐姐的生命得到了挽救。这个案件发生后,整个英国社会都在思考,在现代社会中,人的生命之间到底有没有价值上的可比性。同时,这个案件也改变了传统法学的一些命题,比如,父母能否以自己的宗教信仰自由为由决定子女的生命。

首先,人是有生命的个体。但是,拥有生命不代表拥有生命权。当提及"享有生命,拥有生命权"时,所指的人不仅是一个享有生命的个体,还是享受尊严的个体,而生命权的本质是享受尊严。在奴隶社会、封建社会,奴隶也是享有生命的个体,但是他们无法获得尊严,不享有真正意义上的生命权。在现代社会中,现代法治所追求与维护的,不仅仅是保护人的个体生命的存在,而是要把每个人变成有尊严的、作为主体的人。这个世界上什么东西最宝贵?自由!人是需要追求自由的,精神上自由、思想上自由、良心上自由。人活在这个世界不仅仅是物质的满足,不仅仅是一个个体的存在体,他同时也是一个思想自由的追求者、良心自由的满足者。人的生存,如果没有思想、没有信仰、没有良心、没有精神的自由,那他不是一个完整的个体。同时，人永远是一种主体，在任何情况下，人是不能变成客体的。这是现代法治社会对人的价值内涵的一种概述。所以，"如何成为一个合格的人大法律人"这个命题的核心，首先应从法治的角度认真理解人的神圣性、人的尊严性、人的价值性以及人在社会中崇高的价值目标。

其次，"法律人"的概念，就是以法律作为职业的人。以法律作为职业，有广义和狭义两个范畴。广义的法律人，包括法官、检察官，同时也包括在国家机关、企业及一切部门从事法律工作的人；狭义的法律人是一个法律共同体，包括法官、检察官、律师。因此，法律人便是一个以法律作为职业，从事法律工作的共同体成员。

今天，我们讲一下"人大法律人"。我在开学典礼、毕业典礼上，都谈到了人大法律人这个法律共同体的精神是什么。同学们到了人大法学院，成为人大法律人，也参与了一个共同体，那么这个共同体追求的信仰与价值是什么，共同体遵守的规则是什么？

第一点，要成为一个人大法律人，首先要有健全的人格。作为一个法律人，如果没有健全的人格，没有职业的伦理和法治精神的熏陶，无法深刻理解维护人的价值和尊严的意义，不配做一个法律人，更不配做一个人大法律人。在人大法律人的精神世界中，核心价值是人文的关怀，无论是学习法律知识，还是参加法律职业活动，我们应该把人的价值、人权的维护、人权文化的普及作为法律人的一个基本职业要求，这是最低限度的道德要求，也是法学教育的一个核心内容。举一个案例，在一起交通肇事案件中，有个司机将一位乞讨者撞死，某一个高校法学院的毕业生作为其辩护人，在神圣的法庭上说:请审判长注意,我当事人撞死的是乞讨者,希望在量刑上给予考虑。他认为,此案中撞死的是一个乞讨者,而乞讨者生命的价值和其他人的生命价值是不同的,所以,量刑的时候应当适当考虑。这个案件通过媒体公开以后,很多法学院的老师就猜想这个学生到底是哪个学校毕业的。如果法学院培养了这样的所谓法律人,那就是我们教育的失败,尽管它是一个个案,但从个案可以发现,学生所谓的法律知识体系里没有灵魂。也许他拥有出色的法律知识以及辩论艺术,但他缺少法律人应有的伦理道德。正是因为没有健全的法律人人格,即使以后当了法官、检察官,或者当了高级公务员,在工作中也会做出这种没有灵魂的法律行为。

再举一个例子,某省某市城市整洁、绿化面积大,省政府便把它推荐为建设部组织评比的全国模范城市的候选单位。按照程序,将组织专家到这个城市进行最后的评比考察,市委、市政府紧急开会讨论怎样迎接这个考察团。其他条件都很好,但有一个细节问题引起了领导们的关注。办公厅主任说:"我们现在条件很好,都没问题。只有一个问题,就是我们城市的中心大街里大概有 12~15 位精神病患者,还有流浪乞讨人员。他们白天在市区流动,晚上找一个角落休息。假如代表团来的时候,发现他们在这儿活动,可能会影响我们的市容,这个问题怎么解决?"这个问题有两个解决方案,第一个就是不管,因为每个城市都会遇到这个问题,如果政府没有能力的话,可以不管。如果想解决这个问题,可以把他们送到救助站。而另一个方案便是把他们关起来,或者"流放"。当然,在这个问题上第一个方案是最人性化的一种方式,但是现实是很残酷的,他们采取了不人道的方式,市委、市政府最后决定把15位最需要人文关怀的、最需要政府关怀的人送到另外一个市去,先在那儿待10天,等考察结束,再把他们接回来。在途中,办公厅的工作人员想,10天以后将他们再接回来,又会增添这个城市市容所谓的不完美,所以干脆借这个机会把他们处理了。怎么处理?在一个没人居住的山沟里,把车停下来,把15个人放在那里,自己开车回到了城市,并且向领导汇报我们已经安全地把他们送到另外一个城市。这些精神病患者、流浪乞讨人员,本身生活是不能自理的。据说,15个人之中有8个人通过自身努力回到了原来的城市。但是其他几人因为没有生活自理能力,4人死在了山沟里,还有3人失踪。《人民日报》曾经组织过对这个问题的讨论,当时报纸上报道的结论是"这是一个没有法治灵魂的城市"。一个城市的灵魂就是对管辖区内所有居民,在这里面生活的所有人民,都要给予尊重、给予关怀、给予爱护。所以,学习法律,面对法条,首先要做到的是通过这个法条看到法律条文背后的价值,任何一个法律都是以保护人的价值和尊严为目的的。学习法律的人,心中没有人性的关怀,没有这种人性的道德,没有这种人文的情怀,怎么能用法律来维护这个社会,维护每个人的权利呢?要成为一个合格的人大法律人,就是要塑造健全的人格,心中充满着一种人权的文化、人权的理念,这是第一点。

第二点,要成为一个合格的人大法律人必须从细节做起,在细节中感悟和实践法律精神。如果不注意细节,或者在细节中不能维护法律价值,也不能成为一个合格的人大法律人。在某种意义上,法律就是一种细节,由很多细节组成了一个规则、一种生活,在自己的日常生活中,在同学的关系中,每个细节上都不要忘记自己是人大法律人,每个细节上都要按照法律的要求、法律的信念来安排自己的生活,设计自己的人生。改革开放三十多年,中华人民共和国成立六十余年,我国的法治建设取得了成就,但是我们法治面临的问题和挑战也是严峻的,其中最大的问题之一就是我们的法律生活缺乏对细节的关注,缺乏在细节中培养法律人修养的习惯。对他人讲法律怎么怎么重要,但是对你自己呢?比如说,考试作弊。有些同学可能认为,考试作弊跟人的品质没有直接关系,就是偶尔考试作弊而已,这只是一个细节嘛。但是细节决定成败,如果你在细节中做不到法律人应该遵守的道德,便不能成为合格的法律人。所以,考试作弊是法律人的一个"敌人",当你想作弊,或者已经将想法付诸实施的时候,很遗憾,你就失去了做法律人的基本资格。

刚才王轶副院长说我们在四年的大学生活中至少要谈一次恋爱,乔鹏书记说一次还不够,何家弘老师也在新生开学典礼上说大学期间要谈几次恋爱。我们要用法律人的思维方式来思考这几位老师关于谈恋爱的看法。老师提倡我们谈恋爱,这是一个充满理念和法律智慧的建议,是训练你们法律人素养的一种价值的引导,而不是一个具体的谈恋爱次数的引导。人大法律人有一种让别人感觉不到的气质,我把它称作人大法律人的气质。一看这个学生,就知道是人大法学院的学生。因为在4年的法学院教育中,我们给同学们灌输的首先不是知识,而是培养法律人的一种理念,法律人的人文情怀。我们特别强调法律人伦理培养的重要性。所以我们人大法学院的学生,从现在开始,在生活中,都要做好成为一个合格法律人的准备,细节的错误也不要原谅自己,哪怕是很小的细节。同宿舍同学4年的关系,班里的班委会的活动,包括班干部的选举、专业的学习、与老师的沟通中,包括谈恋爱,都要体现人大法律人的气质。我们第一次谈恋爱不一定谈成功,事实上,很少是第一次成功的,可能要谈第二个、第三个,但是你也要表现出人大法律人的气质,分手有不同的方式,最不符合法律人精神的分手方式,就是分手后相互埋怨,甚至相互谩骂。两人曾经谈过恋爱,有过美好的回忆,两人都要珍惜,分手也要做到符合人大法律人精神,这有可能是人生中的一个细节、一个经历,但你也要从中学会法律的一种规则,一种基本道德。所以在未来的人生中,希望大家像人大法律人那样思考问题,像人大法律人一样处理问题,始终保持人大法律人的气质。

第三点,所有法律人要树立规则意识,要成为法律人,我们要遵守规则,一切要按照规则办事。29年前,我刚上大学本科一年级,当时有很多期待,很多梦想,也有很多困惑。29年过去了,回顾我的大学一年级的生活,我获得的最重要的知识便是法律人要按照规则办事。如果你不愿意遵守规则,在利益发生冲突而放弃规则的时候,你也不能成为法律人。这个规则既包括国家生活中的规则,也包括社会规则、学校的规则、院里的规则以及班级的规则。比如,有些同学不按时交学费,给财务处和法学院工作带来很多困难。学生上学是有协议的,一个学期交多少学费,都是事先有规则的。生活确实有困难的,按照学校的规定提出申请补助或贷款,法学院会想办法解决问题,但是有些同学,不是生活上的困难,而是没有规则的意识。如果这样一个规则、协议都不遵守,怎么培养一个法律人的精神呢？另外,有些同学维护自己的权利时所采取的方式,也不具有法律人的规则意识。我希望同学们要有权利意识,敢于维护自己的权利,对学校、学院一些不合理的规定提出自己的批评建议,但是权利的需求、提出的批评建议,还是要按照法律的程序进行。不仅实现权利的目的要正当,实现目的的手段也要具有正当性。公法上叫比例原则。如果只是目的具有正当性,而不考虑手段,那不是一个法律的规则。如某省人大常务委员会曾经提出在有关人口与计划生育条例中规定,硕士以上学位的夫妻可以生第二胎。因为这个省经济比较发达,且外地来的农民生的小孩多,而本地人,要么不愿意生,要么只能生一个。他们担心,在几十年之后,由于独生子女政策,本地的人口素质会受影响。所以他们希望高学历的夫妻可以生第二胎,并且准备写进地方性法规。这个事件就体现了法律意识的淡薄,明显违反宪法规定的平等原则。根据宪法和法律的规定,地方性法规不能以学历高底来规定高学历者可生两个孩子,而学历低的只能生一个孩子。这种做法实际上是把人做了一个分类,直接违背法律精神。因此,制定一项具体的法律或者规则时,也要遵守国家的法律,遵守宪法精神。没有这种宪法精神,没有这种规则的遵守意识,做出的决定可能是不合法律的。

法治生活中的"规则",应该是一合乎理性的规则,有些规则不合理,就不能机械地按照规则来办事。我们既然选择了法律这个职业,我们在任何事情上都要有规则意识,当然同时要有对规则的合理怀疑、批判意识。对学校的规则,要考虑它是不是符合教育部的部门规章;对教育部的部门规章应该有合理的怀疑,它是不是符合国务院的行政法规;对国务院的行政法规也应该有合理的怀疑,它是不是符合国家的法律;对国家的法律,怀疑它是不是符合宪法精神。这样才能培养出法律人的一种专业化的规则意识。

第四点,合格的法律人要有一个综合的法律思维。法学是一种艺术,法律职业是一种技术含量非常高的严谨的职业,从事这个职业的人,要有严谨的法律思维,像法律人那样思考问题与解决问题。"综合"是指,我们面对的很多法律问题,不是单方面的一种法律现象。我们这个时代已经发生变化了,29年前,当我作为大学一年级学生在课堂里学习法律时,法律之间的这种综合化的程度还不是很高。但现在这个世界,法律现象发生了很多的变化,法律世界具有综合性特点,很难说某一问题就是民法问题,某一问题就是孤立的刑法问题。所以四年学习当中,也许某些同学可能比较喜欢民法,有的同学可能比较喜欢刑法,有的同学可能非常喜欢婚姻法,专业兴趣是多样化的。但是要注意一个问题,法律知识具有完整的结构,思考问题应该具有综合的思考方法。如果没有综合的思考方法,对法律的判断和理解,有时候会是片面的。比如说,民法学者、宪法学者还有刑法学者,会坐下来讨论:死刑犯即将执行死刑以前,能不能拍卖他的器官?曾经有这样的案例,有一个人,用极端的手段杀害一人,重伤三人。毫无疑问,一审、二审都被判处死刑,同时,法院也判决附带民事诉讼赔偿100万元。最高法院已经下达了死刑的核准,马上就要执行死刑了。但是,受害者家属担心他死后100万元的民事赔偿没有人承担,他没有家属,自己也没有钱。可能是某律师出的主意,由受害者亲属向法院提出申请,死刑以前,先拍卖罪犯的器官,用拍卖器官所得的钱,支付民事赔偿。法院接到他们的申请,法院应该做出什么样的判断,驳回还是要考虑?类似于这样的问题,是一个综合性的问题。这里有宪法问题,即将面临死刑的人,他的器官,首先能不能拍卖,能不能做器官手术;这里有民法问题,所谓器官拍卖所得的东西,能不能作为民事赔偿;这里还有刑法问题,这名死刑犯,法院判决死刑的时候,他有没有对自己生命权的自主权,就他的生命,国家已经宣布死刑了,二审维持原判,维持死刑的时候,他还有没有这种所谓的器官的处分权。我觉得这是一个综合的法律问题。

所以,未来4年之后,无论你从事什么样的工作,所面临的很多问题,都是综合的法律问题。我们既要学好各门专业课,同时,也要学会用综合的思维思考问题、解决问题。把法律的知识,作为一个整体来进行思考,不要偏重于民法,也不要偏重于刑法。法律知识是一个有机体系,要从整体上把握法律知识,这样才能对复杂的法律问题做出一个合理的判断。法院对这个案子的判断是,要进行研究再做出决定。但是直到执行死刑也没有给家属明确的答复。家属想要的东西,并不是钱,无论给多少钱,让其在金钱和亲人的生命之间做出选择,所有的人都会选择亲属的生命。这就是法治社会中生命的崇高性和神圣性。即使给予受害者家属巨额赔偿,也不能完全抚平他的创伤,他需要国家对他们的一种关怀。所以事情出现后,我提出一些建议,我们不要对家属用"研究"这样的词,研究不是法律的理念,要对他们负责。比如说两个人刚刚结婚,丈夫杀了人,女方对丈夫的感情很深,她希望替丈夫生一个孩子,他们刚刚结婚还没来得及怀孕,所以向法院提出来。他是故意杀人,证据确凿,一审、二审判死刑应该是没有任何问题,法官接到女方的申请后很困惑。他的困惑在于:第一,现行法律上找不到依据,她和她的丈夫通过什么方式怀孕?法律上没有规定。第二,如果允许怀孕,那么政府、国家对小孩是不负责任的,因为怀孕的时候,他的父亲已经不在了,这对小孩未来发展不利。第三,找不到能够怀孕的合理方式,是把女方请到监狱里面来,还是让丈夫到家里面去,还是通过人工授精的方式,等等。第四,要考虑女方的利益,因为已经明知丈夫要判死刑,还要怀他的后代,给他生小孩对未来不利。所以综合考虑,结果还是不同意。那么,法官给出的理由合理不合理呢?

同学们已拿到《法学入门第一课》,老师们对4年的学习提出了很多建议。这里面包含的一个共同的理念,就是法律是综合规则体系,法律现象也是综合的,所以我们需要以综合的方法解决复杂的法律问题。

第五点,合理地解决知识、能力和实践之间的关系。我们要学习很多法律知识,但是知识并不是最重要的,关键是通过知识能够培养树立一种能力,用能力来解决实践中的问题,即实践能力。所以从现在开始,我们要合理地平衡知识的获得、能力的培养和法律实践。只要有法律人的基本能力,那么获取知识是很容易的,但是只满足于获取知识,没有这种方法的训练,没有这种能力的培养,那么当你消费完已有知识后,就不知道怎样再获得其他知识的。

第六点,需要通过相互的沟通、相互的交流来促进法律的学习。所有法律的问题都是实践的问题,有的是没有现成答案的。同学之间、同学和老师之间,通过沟通和交流,获得一个从多元的视角思考问题的方式。不要满足于个人对法律问题的判断,要考虑这个问题的分析方法可能是两种或者三种以上。法律是一个多元的问题,我们要从多元的视角、不同的角度来思考问题,得出一个客观、合理的答案,这是十分重要的。如果仅仅从一个角度看问题,那么你的思维方式是受限制的,得出的结论与问题的本身存在差距。所以,遇到问题,不要急于得出一个结论,首先要思考,这种思考,是一种多视角的思考,然后再得出结论。人民大学法学院强调实践教学,进行各种案例教学。同学们拿到这个案例之后,先不要急于看这个结论是什么样子的,要思考,根据法律知识和法律能力,进行综合评价。你认为这个案件当中,法官这样的一个判断,有什么样的依据,什么样的合理性,如果是你作为法官,在这个案件当中会做出什么样的判断。在这个意义上,学习法律的人,看问题要全面,既要有抽象的思维,又要有具体的思维,既要看到个案,同时也要看到社会共同体的价值体系。法律人有一个基本的训练,就是怎样在个案的正义和社会正义之中寻求一个合理平衡,每个人都追求自己的正义,但是每个人追求的正义是有限的。一审、二审,然后再审程序和申诉,仍然都维持原来的判决,这时从法律上说个案的正义它已经得到了满足。同学们要学会对共同体的价值的维护,任何一个国家,司法资源始终是有限的,我们是两审终审制,有些国家设有宪法法院,宪法法院做了判决,大家都要遵守,没有对宪法法院的判决不服还要上诉的程序。因为人们有对共同体价值的尊重,既然宪法法院根据宪法做出了判断,那么这是社会对正义的满足,大家都要认可它,即使是不服这个法院的判决,但是仍然要遵守它。在这方面,美国法律的规则、法律的生活是比较健全的,比如说奥巴马总统宣誓的时候,有一个细节引起了我的关注。宣誓的时候,他跟着最高法院的首席法官念宪法文本规定的宣誓词。那天首席大法官念错了一句。奥巴马,作为宪法讲师,讲授了十年的宪法课,他对宪法条文很熟悉。一听大法官念错了,把后面的一句话提到前面去了,当时如果他纠正的话,那么他的宣誓是无效的,他只能跟着大法官的表述。明明知道表述不对,他还是跟着大法官念。但是第二天,他的法律顾问提醒,说昨天宣誓有瑕疵,就是没有严格按照宪法条文中的表述,建议他补一个程序。所以第二天他就把首席大法官请到白宫,两个人重新做了宣誓。首席大法官念一句宪法条文,他就跟着念一句。他对细节十分强调,这就是规则意识。

第七点,作为法律人,要有国际化的眼光。立足于本土,但有国际的眼光,扩大我们的国际视野。目前法学教育面临的重大挑战之一就是,怎么培养适应国际化、全球化的法律人才。我们最近跟美国的几所大学,规模比较大的几所律师事务所进行合作,他们都需要录用既懂法律又懂英语的颇具国际视野的国际化人才。美国很多的律师都是跨国的,几个国家的律师在一个律师事务所里工作。所以必须要理解不同国家的法律,要有很好的外语能力,有很好的人际交往能力与处理问题能力。我们每年派学生参加各类模拟法庭比赛,但是我们确实感到我们学生的国际交流能力有所欠缺。同学们在本科四年期间,我希望每一个同学都有一个短期的,或者长期的到国外或者境外去实习、交流、参观的机会。凡从国外短期、长期学习回来的同学,我认为他们整体的知识、对法律问题的看法,还是有变化的。我希望人大法学院的毕业生,未来不仅当法官、检察官,还要到全球的各种跨国公司去当法律顾问,跨国的大型的律师事务所去工作,甚至要到联合国机构去工作。当然,这就要培养国际化的能力,我觉得最需要的能力之一是外语。我不知道在座的同学外语水平如何。但你必须有一个很强的外语能力、国际化的视野,不仅有第一外语,而且要有第二外语。要改变你们中学、高中时那种传统的学习外语的方式。这个时代是创新的时代,在学习外语方面,我希望法学院的学生也要有一个创造,每一个同学,要掌握真正的外语,有很强的外语交流的能力。从某种意义上,这个时代的英语已经不是外语了,英语是一种像国民教育一样的、是一门必须要掌握的语言。但是,据我了解我们同学的综合能力,有的同学还是比较差的。比如,你能不能用地道的英语来写作,能不能自由地沟通,只掌握语法是没用的。我作为法学院的院长,对我们一年级的同学们,提的建议就是你现在开始要有一个国际化的视野,把外语的学习作为你成为合格人大法律人的一个很重要的条件。

最后,我送你们几句话:健康,宽容,自信,快乐。我觉得没有比健康更重要的存在。同学们要健康地生活,我说的健康有两种含义:一是心理的健康,一是身体的健康。只有始终保持活力,始终保持着一种健康的状态,这样才会有自信。自信是来自对自己健康的自信,来自对生活的一种向上的自信。所以,我建议,团委的老师们,要高度重视一下同学们健康。大学时候的健康某种意义上决定着你未来的健康。你现在很年轻,也许认识不到健康的重要性。但是不锻炼身体，那么到了十年、二十年以后肯定出现身体不健康的问题。人生的价值体系中，健康是首要的。健康不仅仅是你个人的健康，也具有公共的价值。

有的同学问，自杀是不是权利，人有没有处分自己生命的权利。我每个学期都做一次讲座，叫作《有关自杀问题的宪法学思考》。从宪法学角度，我认为自杀也许是自由，但不是权利。自杀得到的利益，和你失去的利益相比较，失去的利益远远超过你通过自杀想得到的利益。所以，通过自杀得到的利益，既没有正当性，也没有社会的价值。英国科学家做了一个统计，当一个家庭中，某一个个体自杀以后，给父母、兄弟姐妹、周围的同事们心灵上的创伤，至少到了15年以后，才能慢慢地消失。当一个人，由于各种原因采取这样极端的方式寻求自己"幸福"的时候，将带给不特定的多数人一种不幸，所以健康是这样一种身体的健康，同时也是心灵的健康。要有自信，对待任何事情要宽容，要快乐地生活，快乐地学习，不要被动地学习。

亲爱的同学们，你选择了人大法学院，我想这是你的人生中的一个新的起点。同学们享受人大法律人共同体的价值，这种信念，在这个共同体里，我想每一个个体，都会选择自己的发展道路。当你毕业，十年、二十年以后，再回顾自己大学生活的时候，你会感受到，我的大学生活是很快乐的，很充实的，为自己是人大法律人感到自豪。

最后，祝我们全体新生同学们快乐地度过4年大学生活，生活中的每一天过得充实。

坚持法学教育的人文价值[*]

习近平总书记到中国政法大学考察时发表重要讲话,从经济全球化、国家发展战略与全面依法治国的高度,深刻阐述了法学教育的本质、功能与历史使命以及法治人才培养的重要性,为我国法学教育改革与发展指明了方向,具有重要的战略意义。作为一名法学教育工作者,学习总书记的讲话,深受鼓舞,同时深感责任重大。

一、法学教育在全面实施依法治国中居于基础性、全局性地位

习总书记指出,法治人才的培养是全面依法治国的重要内容,也是中国法治事业兴旺发达的重要保障。全面依法治国是治国理

---

[*] 2017年5月24日教育部"落实习近平总书记考察法大重要讲话座谈会"上的发言。

政的基本方略,法律的生命力在于实施,而法律的有效实施又依赖于法治人才的培养。能否培养合格的法治人才关系到国家未来的发展,关系到社会主义法治国家的建设,同时也关系到中国在全球治理体系中的主导权。我们不能把法学教育理解为一般的国民教育,更不能简单理解为专业知识体系的传授,应从国家与社会发展全局的高度认识法学教育的重要性,要把法学教育纳入国家发展总体战略之中,保障其优先性与基础性地位。

二、法学教育必须坚持立德树人,以德为先的理念,解决好怎么做人的问题

习总书记指出,法学教育要坚持立德树人,以德为先,培养法科学生基本的道德和修养。合格的法律人首先具备健全的品格,树立正确的世界观、人生观、价值观,具有爱国主义情怀。作为法治人才,未来的工作关乎社会正义的维护、管理与塑造,关乎社会共识与民众对未来幸福生活的期待。如果我们培养的学生缺乏正义感和人文情怀,缺乏国家认同与社会主流价值观的内心信念,难以养成职业道德与专业精神,无法忠实于法律并服务社会。法律人的专业素质固然重要,但如没有良好的价值观与道德情操,也会知法犯法,造成的社会危害性更大。因此,在整个法学教育中,要体现人文精神,将道德教育、社会正义与社会责任感教育融入法治工作之中,以实际行动带动社会崇德向善,自觉地维护宪法和法律权威。

三、法学教育要面向实际,服务法治实践,处理好知识教学和实践教学的关系

习总书记指出:"要打破高校和社会之间的体制壁垒,将实际工作部门的优质实践教学资源引进高校,加强法学教育、法学研究工作者和法治实际工作者之间的交流。"法学教育是实践教育,法律科学是应用性很强的社会科学,法律人的重要工作就是要面对各类社会矛盾和纠纷,能够处理好这些纠纷,而法律技能是法律人应该必备的专业素质。在实践教学中,让学生感受到来自生活中的经验,感悟国家法治进步,建立价值、知识与经验三位一体的体系,让学生学会学术理性与实践理性的平衡,鼓励学生参与实践,重视并支持学生实践活动,在实践中获得知识、运用知识,培养学生学有所用的实践精神。

四、法学教育要参与全球治理体系,积极为国家发展战略服务,大力提升法学教育的国际性

法学教育的发展既要强调中国的主体意识,同时要按照习总书记的要求,以我为主、兼收并蓄、突出特色,努力以中国智慧、中国实践为世界法治文明建设做出贡献。

在经济全球化的时代,法学教育构成国家软实力的重要内容,成为形成中国思想体系与话语体系的重要内涵。如"一带一路"沿

线有 60 多个国家,急需懂双语、双法的人才,同时需要培养懂中国法律的沿线国家的法律人才,以降低可能的法律风险;我们需要培养在国际舞台上能够掌握话语权,参与国际规则制定的外向型法律人才。在法学教育发展中,我们要坚持"请进来""走出去",树立中国法学教育的国际形象,为世界法学教育的发展做出贡献。

自卓越法律人才培养计划实施以来,各基地遵循法学教育规律,以提高法律人才培养质量为中心,积极探索法学教育新经验,推动了法学教育改革。但法治人才培养总体质量与习总书记讲话的要求相比,仍有不少差距。我们要认真学习习近平总书记重要讲话精神,把培养法治创新人才作为突破口,更好地推动卓越法律人才培养计划的实施与完善。如研究制订卓越法律人才培养的国家指导标准;开展卓越法律人才培养计划实施评估,提炼实践经验;遴选一批典型改革案例,发挥优秀基地的示范辐射作用;进一步促进"双千计划"的落地实施,探索临退休、已退休优秀法官、检察官进高校任教制度;建立全球、区域以及"一带一路"沿线国家法律合作机制,落实"国内—海外合作培养",共同培养参与全球治理的国际型人才。

社会主义法治理念与法学教育[*]

社会主义法治理念与法学教育有着密切的关系，在法学教育中贯彻法治理念体现了法学教育的基本目标与价值。

一、法学教育是法治本土化的产物，并且受到法治文化与传统的影响

中国的法学教育要培养大批了解中国国情、能够创造性地解决中国法律实践，推进社会主义法治发展和进步的法律人才。这要求中国的法学教育不仅仅向学生灌输书本知识，而且要引导法科学生树立牢固的社会主义法治理念，要了解法律在社会生活中的实践形态，掌握应用理论知识解决实践中出现的法律问题的能力，树立学

---

[*] 2015年6月在全国法硕教育指导委员会议上的发言。

法为民的道德情操。因此,中国的法学教育除了在课堂中结合专业知识讲授系统的本国法律制度,开展国情教育以外,还为学生提供丰富多彩的社会实践活动,鼓励学生走出课堂,接触社会实际,让学生了解法律的实施情况。同时,法学院校鼓励学生运用专业知识,通过法律咨询、提供免费的法律援助、到西部地区挂职锻炼等形式,以自己的所学服务社区,贡献社会。

二、法学教育理念是多层次和综合化的概念,表现出浓厚的文化底蕴

首先,它是一种"健全人格的塑造",承担着教化人的社会功能,使接受法学教育者深刻体验"人"的价值与尊严。社会主义法治理念教育本质是人权的教育,让社会成员理解人存在的意义,树立人权的文化。这种理念上的相关性,决定了法治理念教育的社会意义。

其次,在素质教育与职业教育的关系上,一直有争论,需要以法治理念为指导,纠正过分强调职业教育的偏向,甚至主张把法学教育转化为纯粹的"技术性"的教育。我认为,这是需要关注的一种倾向,离开人格教育与素质教育的法学教育是缺乏生命力的。职业训练固然很重要,但不能离开前提,也不能脱离法学教育的文化传统。法学教育的技术化并不是其核心理念,应该以综合的思维方式进行思考。在法学教育模式的理解上,我们应当高度重视文化附加值的意义,把文化价值融入法学教育的各个细节之中,允许不同模式的

存在。在法学教育上的文化传统,标志着社会成员最低限度的价值共识,也是法治实践与生活不可缺少的组成部分,与一定的文化传统相适应的法学教育才是有生命力的。

三、社会主义法治理念的核心是公正、自由、公平、平等,应把这一理念贯彻到法学教育的发展过程与目标

法学教育存在的主要问题是:在法学教育理念和发展模式上,缺乏自主性、自信性与持续性,总是左顾右盼,习惯于以外国特定经验为参照系,用中国的经验说明外国模式的合理性,表现出无所适从。在借鉴外国的经验上,容易把特定国家经验普遍化,无视文化与制度的差异性。另外,在教育政策上,存在着严重的行政化思维,缺乏法治思维。对法学教育特殊规律与一般规律的理解缺乏系统性,大众化与专业化的界限比较模糊等。基本思路是:法学教育是法律文化传统的体现,要充分考虑文化价值与法律制度传统的影响;法学教育应提倡多元的发展道路,强调其规律性;减少"行政化"色彩,尊重法学教育发展规律;在人才培养上,树立精英意识和务实精神,培养专业素质与国际眼光;充分关注经济全球化对法学教育发展带来的影响。

四、法治理念与法律职业伦理教育

社会主义法治理念在法律职业伦理教育中发挥着重要作用。在高校进行社会主义法治理念对法律职业伦理教育产生重要影响。

例如,引导学生树立正确的法律观、法律价值观、权利义务观,帮助学生树立先进的、民主的、理性的法治观,养成信仰法治、维护法治、为法治而斗争的法律职业精神以及追求真理、崇尚法律、法律至上的职业信念,认同职业伦理。特别在目前,进行社会主义法治理念教育,有助于使学生深刻理解我国法律制度的核心价值和时代精神,认同社会共同体的基本价值,培养国家意识。

律师教育与法学人才培养模式[*]

高等法学教育改革是最近几年颇受社会关注的话题。目前我国有 600 多所院校开办了法学专业,学生总数达数 10 万人,法学教育蓬勃发展。但另一方面,法学专业毕业生就业面临新问题,特别是在教育全球化的背景下,法学教育更面临着激烈的国际竞争。根据《国家中长期教育发展规划纲要》要求,高等教育要全面提高教育质量,提高人才培养质量,着力培养高素质人才和创新人才。全球化背景下如何培养我们的法律人才?

中国法治建设事业正处于全面发展的重要转型时期,律师在我国法治发展进程中扮演着越来越重要的角色。目前,我国的律师人数已达到 19 万人,选择律师作为就业去向的法科学生人数在逐年增加。而目前的法学教育还不能很好地适应培养学生进入律师行业

---

[*] 本文发表于《法制日报》,2010 年 11 月 10 日版。

的要求,律师教育还没有成为法学教育体系中的重要组成部分。在法学人才培养模式的改革中我们需要思考如何将律师教育概念引入法学教育的体系之中,根据法律职业的特点与规律,及早地开展律师职业教育,建立与律师职业发展相配套的律师职业教育培养机制。

何谓法学院的律师教育?就是在法学教育的各个环节中着力培养学生以法律职业者的专业精神与视角思考法律问题,了解民众的生活,培养人权文化与意识;让学生学会像律师一样思考问题,具备律师的专业精神、思考方式与行为方式;特别注重律师职业技能的培养,使其具备过硬的律师职业技能;培养学生对法律职业共同体的价值观与认同感。律师教育概念有狭义、广义之分,狭义的律师教育就是培养有志于从事律师职业的学生,提高专业化的能力;而广义的律师教育是面向全体法科学生开设的律师基础实务等方面的教育,为未来从事律师、法官、检察官、公务员、法律顾问等职业打下必要的专业基础。

在法学院校开展律师职业教育,有助于培养未来律师群体树立坚定的法治信仰和理念。律师是法治事业的直接参与者和推动者,是法律共同体不可缺少的成员,也是法治价值社会化的重要纽带。律师必须有强烈的社会责任感和高尚的道德素质与人权意识,依法维护当事人利益实际上是维护社会公平和实现社会正义,实现以公权力制约为核心价值的宪法精神。通过律师教育要培养学生树立现代律师基本信念,作为精通法律的人,律师除了能有效地为当事人提供优质的法律服务外,还应履行推广法治理念、推进司法改革、关注弱势群体、开展公益服务等社会责任。律师教育所强调的法治理念的培养,不仅仅是针对将来从事律师职业的学生,更是着眼于影响未来所有从事法律工作的学生,旨在培养法科学生坚定的法治信仰和法治理念,以维护公平正义和法律尊严。

在法学院开展律师教育,有助于从理论和实际相结合的角度实现法学教育与法律实务的良性互动。律师教育的目的是培养学生法律专业精神,使他们毕业后成为合格的律师,实现法科学生从理论学习到实践操作的对接。人大法学院和律师学院聘请了执业经验丰富、业务专长突出、热心教育事业的律师和法律界精英作为学生的指导教师,培养学生独立工作、独立判断的能力,为今后从事法律职业创造条件。

在法学院开展律师教育,有助于培养国际型法律实务人才。全球化背景下,法学院和律师学院为学生提供律师实务教育也应有更高的国际化目标和标准。我国需要培养出一大批具备国际视野和国际竞争力,精通国内外法律专业知识,能够在国际舞台上熟练运用专业知识维护国家利益的高水平法律人才,特别是国际化的律师人才。这些也是未来我们实施律师教育、培养律师人才的重要任务。

在法学院开展律师教育,有助于转变法科学生就业观念。目前法学院学生在就业目标选择上,还存在过分看重公务员职位的现象,而明确选择律师职业的学生比例还不高。从律师中选拔优秀人才担任法官、检察官以及公务员,是法律职业发展的有效途径,有利于推动法学教育与法律职业的良性互动,有利于在一定程度上遏止司法腐败,也有利于解决法律人才分布不平衡现象。法官、检察官及律师等都是法律职业共同体中的平等一员,法律职业的准入途径是通过国家司法考试。既然存在这个统一的前提,法院、检察院和律师之间的人员流动应当具有适度的开放性,允许高素质的律师进入法官、检察官队伍,畅通法律人才的流动和交流渠道。

法学教育的公益性及社会责任[*]

共同探讨和思考全球化背景下法学教育发展面临的新挑战、新问题,共同探讨具有不同文明、法治传统和国家法律体系的法学院如何通过持续改革适应并促进社会转型与国家善治,共同思考法学院的价值与精神,以及未来法律人才的基本素质和人类发展的未来,已经在很多法学院院长之间达成共识。

在法学院之间竞争越来激烈,法学院的硬件不断得到改善,法学院数量越来越多,法学院毕业生越来越多的今天,法学院院长们需要反思的是法学教育的价值与时代使命,要思考如何响应时代与民众的期待,如何坚持法学教育的公益性,积极履行法学院的社会责任。

---

[*] 本文发表于《法制日报》,2012年5月23日版。

为什么需要法学院

我们需要思考一个最简单的问题,但也是不容易回答的问题。我们为什么需要法学院?法学院存在的意义与价值是什么?我认为,法学院存在的意义不仅仅是为社会培养法律人共同体,更重要的使命是引领社会健全的价值观,维护社会正义,普及人权文化的价值。法律人,简言之就是从事法律职业的人及其聚合。法律人作为社会个体意义上的个人,他们不仅懂得做人之道理,有良知、有正义感,而且是拥有独立思想、独立人格和独立尊严,追求自由,富有社会责任感,同时拥有成熟的法律思维的主体。在社会的经济、社会、政治、文化等诸多分工当中,确实需要法律人群体作为法治理念最忠实的体现者和实施者、社会正义的捍卫者,以及社会和谐发展的参与者。

我们知道,历史上,最早大学开设的人文社会专业是法学、医学和神学。三大学科分别代表了社会科学、自然科学和人文历史传统的最高水平,为近代世界的转型发展做出了巨大贡献。人的自由与尊严是现代法治的精神和灵魂,而传播、研究和塑造现代法治精神的法学院自然承担神学、医学所不能完成的使命。人文精神始终贯穿在法学教育的理念中,我们的社会需要人文主义和弘扬以人为本的"现代法律文化",而良法善治理念只有通过法学院才能培养、教育、推广。

一个社会和国家是否充满着正义,民众是否感受法律的阳光,是否始终感受社会正义的温暖,在一定程度上取决于法学教育的价值与功能。当社会上出现非正义的现象,如社会缺乏诚信、出现腐败现象、国家缺乏共识,有些民众对法治丧失期待,有些公职人员丧失政治伦理时,法学院的院长们容易责备司法制度的不完善以及社会结构的不完善,希望把法学院的教育与社会不公正现象能够"切割",以此满足所谓法学教育的"纯洁性","需要改革"往往成为我们的借口。但我们心里都清楚,从某种意义上讲,这些现象存在的根源在于法学教育,恐怕我们是无法逃避社会责任的,我们的社会责任不只是让法科的毕业生依靠所谓名牌法学院的光环去找好工作,享受高薪,沉浸在高就业率与丰厚的校友捐款之中。一个不合格的法律人才,也许会毁坏或者摧毁民众的法律信任与社会公平的感受,破坏社会信任体系。因此,社会共同体的价值体系的维护中,法学院将承担着越来越重要的角色与功能。

如果我们过分看重法学教育的"精英化""全球化",我们容易失去法学教育所应坚持的责任、尊严与自信,沦为缺乏价值与灵魂的工具化的存在,也有可能把法学教育引入到商业化的旋涡之中,使其丧失公益性。

法学教育的公益性

法学院不是公司,而是非营利性的,因此可以专心于知识和真理;法学院也不是政府,无须随一时的政治需要或俯或仰,因此可立足长远,心无旁骛地追求知识。在法学院的场域中,人们自由地传播知识、运用知识、收藏知识、创新知识、交流知识。果真如此的话，法学院就会真正成为国家法治建设和社会精神财富的源头活水。这样，不但法学院是常新的，培养出来的法律人是常新的，而且一个国家、一个民族也将是常新的。

面对法学教育中的各种"诱惑"，面对"全球化"的背景，无论法学院突出什么样的"个性"，我们都不能回避社会责任，需要回归并坚持法学院的精神与价值，让它高尚起来，建设受人尊重的法学院。

法学院的教育要具有浓厚真挚的人文情怀。关心人、爱护人、尊重人的生命和正当权利，强调普通个体的生存与发展。世间最高贵的莫过于人的生命和个体的存在，法学院自然要高扬人文关怀，维护人的尊严与自由，捍卫人的权利，把制度的理性回归到人性的基础上。作为法学院的毕业生，要学习守法之道、用法之道、立法之道，做一个真正的法律人。

法学院应彰显她诚信尚公的德性。大学之大首在大德，大学之学重在学统，而将大德性与大学问集于一身且能代表学术传统者谓之大师。师德决定校德，也决定生德。法学院受人尊重而不流于庸俗者，关键就在于树立社会责任、诚以待人、信义取人，而不失在功利与世俗上。

受人尊重的法学院都具有丰厚的学术传统和丰硕的思想创新。独立、自由、宽容与开放是法学院应具有的精神。每个法学院应该具有自己的个性，不能盲目追求所谓的"模式"，慎言"模式"，人为地追求的模式会束缚自由的发展。法学院历史有长短，但每个法学院都会形成独特的学术传统和精神风貌，而在这些学术传统上方的知识内核中,一定带有创新的思想和真理的高度,这是法学院永葆青春、引领风骚的关键。

受人尊重的法学院大都与鲜明独特的文明形态、国家社会需要以及个性特点相得益彰。传统、特色与精神是法学院的魅力所在。传统塑造法学院历史方位,特色造就文化,文化造就特色,有特色才不被人所忽视和替代。

我认为,浓厚真挚的人文情怀、诚信尚公的道德品性、丰厚的学术传统、丰硕的思想创新以及鲜明独特的学院文化统一在一起,就是受人尊重的法学院,也是有社会责任感的法学院。

以法治思维引领中国教育发展[*]

法治是现代治理体系的本质特征,也是实现教育治理体系和治理能力现代化的重要标志。法治社会建设的基础在教育,而教育是重要的民生事务,当前我国的教育改革正进入深水区。如何善于运用法治思维和法治方式引领中国教育改革,推进中国教育法治发展,是一项重要课题。

一、什么是教育法治

教育法治即是通过对教育关系、教育行为和教育发展的协调、规范和引导,以保障教育秩序、达成教育目的的一个实践过程。具体是指国家和地方教育行政机关权力的行使必须依据宪法和法律

---

[*] 2015年11月5日教育部"教育法治"研讨会上发言。

的授权进行,依法推进并实现宪法和法律所设定的教育发展和改革目标;要坚持依法教育行政,摒弃和改变以往那种"黑头不如红头,红头不如笔头,笔头不如口头"的非法治思维和非法治方式,以法治思维和法治方式推进教育的改革与发展。

二、加强教育法治有什么意义

(1)深化教育改革需要法治保障。教育改革关系千家万户,必须把握好改革和法治之间的关系,比如,人口流动带来教育格局变化、留守儿童教育权利亟待保障、高考制度改革等牵涉社会不同群体的利益,要平衡这些利益,就必须更好地发挥法治在教育改革中的引导和规范作用,凡重大改革需要于法有据。

(2)促进基本教育公共服务体系建设需要政府依法全面履行教育职责。无论是行政命令、行政指导还是第三方评估等都要有法律依据。

(3)建立现代学校制度需要法治引航。明确政府、学校、家长、学生等不同主体在教育法律关系中的权力或权利、职责或义务,是建立现代学校制度的前提,也是教育治理现代化的法律基础。

三、中国教育法治进程中存在哪些问题

(1)教育法律体系尚不健全,教育立法与修法不及时,教育法律规范相互冲突。教育法律法规的制定缺乏总体规划和设计,缺乏系

统性、全面性,很多领域还是空白。我国至今尚缺少《学校法》《教育考试法》《学前教育法》《终身教育法》《教育保障法》等重要教育法律。

（2）教育违法不究现象比较普遍,教育法律救济渠道不畅通。《未成年人保护法》第20条规定:"学校应当与未成年学生的父母或者其他监护人互相配合,保证未成年学生的睡眠、娱乐和体育锻炼时间,不得加重其学习负担。"然而,应试教育禁而不止,素质教育推而不行的现象时有发生,节假日补课、学生每天作业成堆司空见惯。

（3）教育司法制度不完善,司法介入教育案件标准不一。对司法应否进入教育领域认识不一,权利缺乏保护。比如,司法能否介入教育,学校的办学自主权到底是一种什么性质的权力,学校侵害受教育者受教育权的行为是否属于行政诉讼受案范围,学校是否可以在行政诉讼中做被告,包括与此相关的其他一些基本问题在我国教育界、法学界和司法界存在着争议和分歧。

（4）公民教育法律意识、法治意识淡薄,不学法、不尊法、不依法、不守法、不用法。"人前留一线,日后好见面"的意识相当普遍。在我国公民心目中,诉诸法律就等于"撕破了脸皮",伤害了情感,今后不好相见。这种厌诉、拒诉、不乐于用法律维护自己合法权益的心理社会上普遍存在,在教育领域更是司空见惯。

四、如何进一步推进中国教育法治发展

（1）加快教育立法进程,完善教育立法机制。除加快制定《学校

法》《教育考试法》《学前教育法》《终身教育法》《教育保障法》等,还应加快修订已经颁布多年、严重落后于现实发展状况的有关法律,重点解决缺乏良法的问题。教育立法,应当在人大主导前提下,建立健全公开听证制度、公众参与制度、专家顾问咨询制度、委托立法制度、公众报告制度等,推进教育法治建设的民主化、科学化。

(2)完善教育行政执法与教育司法衔接机制。尽快制定教育行政执法与教育司法相衔接的法律规范。当前之所以存在教育行政执法"有案难移、以罚代刑"现象,原因之一是因为我国还缺乏教育行政执法与教育司法相衔接的法律规范。哪些教育行政执法案件应该进入司法程序,哪些教育行政执法案件司法机关必须受理,这些都必须有明确的法律规定。同时注意教育行政执法与司法裁判之间的协调与对接。

(3)真正建立现代学校制度,教育改革的重点是现代学校制度建设。传统的行政命令式的管理方式已经不适应现代教育发展需要,需要进一步转变观念,由行政管理转变为共同治理,综合运用行政监管、行政指导、行政协议、第三方评估等多种方式。各个学校的发展目标应该由学校在经过科学、民主论证后确定,减少行政干预,发挥学校特色,避免"千校一面"。教育行政管理部门应赋予学校在教育、教学、科研等事务上更多的自主权利。此外,学校还应当在财政经费使用上享有更多自主权,以提高经费使用效益,政府则通过绩效考核决定财政经费投入。

(4)通过学校章程建设推进依法治校、依法办学。学校章程在校内规则体系中处于龙头地位,也是学校内部治理的"法律",是学校自主办学、民主治理的基础。学校章程经过教育行政主管部门核准后就成为学校办学的依据,学校要严格依照章程实施教育教学活动,保证教育方针的全面贯彻执行,使学校真正实现"按照章程自主管理"的权利。

(5)把法治教育融入国民教育体系,将法治教育纳入课程教学计划。从制度建设上确保法治教育成为国民教育体系的重要内容。在深入开展法治宣传教育、推动全社会树立法治意识的过程中,把法治教育纳入高校、中小学教学计划,使法治教育课程成为德育课和思想政治教育的重要内容。要遵循青少年成长规律与特点,提高法治教育的实效性。

当代法学教育改革趋势[*]

进入20世纪90年代以后,世界各国都在进行法学教育改革,尽管法学教育改革的背景、追求的目标、内在动力与过程不尽相同,但法学教育改革作为世界性的趋势,已广泛地影响了各国法治的进程。传统的法学教育性质、目标与功能等已发生深刻的变化,需要我们从比较的角度关注和研究各国进行的法学教育改革动向,探讨既符合法学教育改革的世界性趋势,又适应中国社会发展实际的法学教育发展模式。

一、法学教育目标:素质教育与职业教育一体化

法学教育的改革首先遇到的前提是如何设定法学教育目标,即

---

[*] 本文发表于《中国大学教学》,2003年第10期。

通过实施法学教育应达到什么目的。法学教育目标具体涉及法学教育实施对象与社会效果的评价。迄今为止,法学教育目标设定主要有两种模式,一种是把法学教育看作是培养专门法律人才的职业教育,另一种是把法学教育看作是一种素质教育。在法学教育目标问题的讨论中,各国学者围绕职业教育与素质教育的性质与功能问题进行了大量的研究。随着社会的变迁与变化,法学教育目标与性质问题又引起了学者们的广泛关注。不同目标的设定将对法学教育实施过程、效果与法律人才的构成产生重要的影响。以美国、加拿大为代表的实行职业法学教育的模式与以英国、法国、日本、韩国等为代表的实行素质法学教育的模式之间的传统界限正在发生变化,出现了相互融合的趋势。

美国的法学教育是一种"学士后"教育,即对具有多元化的知识背景的大学毕业生实施为期三年的法学教育。这种充分实用化的教育模式一直被称为法学教育的典型模式,被视为法学教育改革的理想模式。但美国式的法学教育也遇到体制本身的问题,如多数的专家和没有法律修养的一般市民的两极分化比较严重,过于依赖于法律家,出现诉讼过剩的现象。因律师过度的商业主义现象,甚至产生了对法律家的敌对情绪。为了解决法学教育中存在的问题,学者们一直探讨法学教育的实用性层面与学术性层面的相互协调问题,寻求学术与实务价值的合理联结点。加拿大的法学教育也是"学士后"教育,由21个教育机关具体承担法学教育的任务,以职业教育为培养法律人才的基本目标。但在具体实施法学教育的过程中实务教育与理论教育是并存的,职业教育本身包含着一定意义上的素质教育。如在传统的法学教育方法上，加拿大各大学法学院普遍采用判例教学，但近来在社会政策有关的领域中成文法的重要性越来越引起社会的关注，传统的判例教学也发生了相应的变化，理论层面的教学与思维训练成为新的发展趋势。

以素质教育（一般教育）为法学教育目标的英国、德国、日本、韩国等在具体实施法学教育目标的过程中积极吸收了职业教育的合理因素，体现法学教育目标的多元化。在日本，法律家（法曹）的培养一般经过三个阶段，即四年的法学教育、竞争激烈的司法考试与统一的司法研修院的研修。在培养法律家的具体方式上，大学主要承担法学方面的通识教育，而专门的职业教育则在司法研修院进行。但这种素质教育与职业教育的二元化影响了法学教育的社会效果，把素质教育降低为进行职业教育的准备阶段。目前，日本进行的法学教育改革实际上是向素质教育与职业教育相结合的方向发展，从而把两个不同阶段的教育合理地结合起来，在保持素质教育传统基础上积极吸收职业教育的因素，实现法学教育与司法考试的一体化。在德国，法学教育体制不同于美国，主要采取讲授的方式，法的技术教育并不是大学的任务，教授们主要依据已形成的法的理论体系，讲授理论构成与体系。在这种教育体制下，学生们容易理解法的一般概念与逻辑，但法学教育缺乏现实适应能力。于是，出现了以事例教学为辅的新的发展趋势。1971年英国曾提出一份法学教育改革的研究报告，提出了法学教育从实务教育向素质教育转变的必要性。在英国没有像美国那样的法学院，只有法律系，英国的法学教育实质上是一种专门的素质教育，并不是实施实务教育的机关。由于法律文化的传统,在英国实施判例教学是比较困难的,其原因主要在于可能增加学生负担、选择典型判例上的困难以及宪法的判例的局限性等。但最近以来,一些学者提出法学教育中应把法律知识、理论的传授与法律技术的传授结合起来,增加法律实务的内容。韩国的法学教育的基本目标是以职业教育为主,以素质教育为辅,在传统的素质教育基础上增加了职业教育的内容,近年来职业教育内容得到了进一步的扩大,实际上形成职业教育与素质教育相结合的培养模式。

上述的不同法学教育模式在基本目标与理念上形成了素质教育与职业教育、法律知识与法律技术、理论教学与实务教学相互结合的目标体系。在现代的法学教育理念上,并不存在纯粹的素质教育,也不存在纯粹的职业教育,以职业教育为传统的国家吸收了素质教育的合理因素,以素质教育为传统的国家又吸收了职业教育的合理因素,在知识与技术、理论与实务的相互协调中实现法学教育的理念。未来法学教育的功能不仅在于培养大量的具有扎实的基础理论与具体操作能力的法律的专门人才,而且要培养大量的实现民主主义和正义价值的社会不同领域的领导人。由于法律关系的多样化和社会生活的复杂化,法律人才本身的结构与功能也发生了变化,单纯的职业教育与素质教育难以适应社会对法律人才的需求。21世纪的法律人才必须有竞争力,有责任感,其基本条件是:对人类和社会生活具有广泛而成熟的知识,同时具有强烈的人文关怀精神;具有多样化的领域需求的知识和解决问题的能力;要适应变化的国际环境的能力;具有彻底的服务精神和民主责任伦理。创造性的法律思考能力的培养不仅需要专门的职业能力,而且需要法律人应具备的特殊的品德和人品,这种品德和法律伦理方面的素质在单纯的职业教育中是难以实现的。在美国和加拿大实行的职业的法学教育是在特殊的教育体制和历史条件下产生的教育模式,不宜作为普遍性的模式加以推广。有的学者明确指出,以美国大学为模式进行改革时,有一个不可忽视的问题,那就是美国大学的特殊性,尤其是与国家(政府)或社会的关系的特殊性。由于对国家与社会关系有不同的理解,各国采取不同的教育体制,但法学教育理念上职业训练与素质教育是结合为一体的,当不同的教育机关承担职业教育与素质教育任务时,教育体系上也要强调一元化,即在整个教育系统中体现职业与素质教育的基本要求,不能以职业教育代替素质教育。法学教育目标的多元化趋势标志着职业教育与素质教育在理念和体制上的相互融合和渗透。

二、法学教育体制的多样化

由于法学教育目标日益呈现出多元化、混合化的趋势,在教育体制上存在着各种模式,既有混合的体制,也有在多种模式之间出现的新的模式,一种模式占据主导地位的传统的法学教育体制已发生深刻变化。因此,21世纪法学教育应走在文化相对主义背景下各种模式相互借鉴,寻求共同发展的途径。随着法律文化在法学教育中的影响日益扩大,各国在法学教育具体体制下努力寻求既有共性又有个性的模式,使法学教育保持开放性和灵活性。在法学教育与法律人才培养方面主要有二元化模式与一元化模式,同一模式内部又有多样化的法学教育形式。实行二元化模式的国家中,法国、日本、英国等国设立了专门的法律学校,如法国设立国立司法大学院,日本、韩国设立了司法研修院,英国设立了 Inns of Court School of Law（ICSL）。作为司法研修院在现场进行实习的国家有德国的统一研修制度,瑞士的一年实务研修后参加律师考试的制度,澳大利亚的在法院进行 9 个月研修的制度。在瑞典,大学法律系的毕业生作为 jurist kandidat 进入实务实习阶段。实行法学教育与法学教育一元化模式的国家中具体的教育体制又分为两种。一种是法律系的毕业生即获得法官、律师或检察官资格。只赋予律师资格的国家有西班牙、印度、秘鲁（法律系学制为 5 年）、挪威、泰国（赋予二级律师资格）。只赋予检察官资格、不赋予律师资格的国家有巴基斯坦,大学法律系毕业生可担任检察官,经过 6 个月的实习后经过考试获得律师资格。在新加坡,法律系毕业生大部分获得法律资格。以研究生课程作为毕业生取得法律资格要件的国家主要有美国。

如前所述,法学教育模式的多样性主要基于历史传统与法律文化的多样性。在特定的历史背景与文化传统下形成与发展的法学教育体制具有浓厚的民族特色和时代特,保持个性是法学教育寻求普遍性价值的重要条件。同属英美法系的英国与美国法学教育体制的区别证明了文化传统与法学教育的相互关系。比如,英国与美国法学院的性质与功能有很大的差别,美国的法科大学实际上独立于大学,是一种"大学院大学",具有独立的建筑和图书馆、独立的预算、独立的人事权。一流的法学院通过自己的毕业生对法律制度和法律文化产生重要的影响,是一种全国性的机关。而在英国,法律系实际上是一种单纯的"技能学校",为未来的法律人才提供实体法的背景和知识,并不是像美国那样进行公共政策的研究机关。另外,法学教授的作用在英国和美国也有许多区别。从发展趋势看,法学教育体制之间的差异性是不可消除的,只能在不同模式之间的相互交流中寻求适合各国实际的,具有现实功能的法学教育体制。

三、课程结构的规范化

不论采取何种体制,法学教育体制的核心是课程结构问题,即合理地安排课程的结构,为学生提供各种知识、技能与事例,培养学生的法学思考能力。各国在法学教育改革中对传统的课程结构进行改革,以实现课程结构的规范化。在课程结构方面出现的主要发展趋势有:

(1)课程结构要适应信息化时代的要求,设立多样化的课程体系,以国内为中心的课程体系向国际法、比较法为中心的课程体系转变。在保持传统课程体系的基本框架的基础上,增加了环境法、国际通商法、技术转让法、资源保护法、计算机与法、宇宙法、国际人权法等新领域中的课程,使课程总量和信息量得到了扩大。

(2)无论采取何种法学教育体制,在课程体系中各国普遍重视有关法律伦理课程,试图建立伦理与职业、法律知识与技术相互结合的富有人文基础的课程。法曹伦理及其强化司法伦理的课程呈现出不断扩大的趋势。

(3)课程结构改革从供给者中心向需要者中心的体制转变,以需要者为基础安排合理的课程结构,减少必修课目,扩大选修课的范围,使学生能够根据自己的兴趣自由地选择各类选修课。

(4)课程内容的专题化、综合化趋势。未来法学教育中的课程,一方面体现内容的综合化;另一方面也出现课程内容日益专题化(专门化)的趋势。除了宪法、民法、刑法、商法、行政法、民事诉讼法、刑事诉讼法等基本课目外,与其他社会科学、自然科学相互交叉的学科以及专门领域的课程数量不断扩大。比如,在美国主要大学法学院专门化领域的课程有实务教育、解决纠纷、环境法、医疗保健法等。在一些法学院课程中专题化的课程又分为授课、讨论与实务学习三个方面内容,如在国际关系方面的课程中哈佛大学建立了系统地研究与讲授外国法的课程。

(5)课程内容中不同学科之间的对话与交流成为课程结构规范化的重要条件。多数法学院已允许修双学位,课程之间的传统界限逐渐淡化,多学科共同性的课程内容日益增多。如有关经济法的课程体系中经济学的原理已成为不可缺少的内容,设立了法与经济课程,还有法与社会、法与自然科学、法与技术、法与工学、法与教育、法与哲学、法与艺术、法与计算机、法与医学等。

四、法学教育的国际化

21世纪的法学教育的重要特征是国际化趋势,即法学教育理念、教学过程与教学方法等方面普遍呈现出国际化趋势,促使传统的法学教育体制发生重大变化。从各国法学教育改革的动力和实践看,国际化是法学教育发展的基本特征和目标之一。法学教育国际化的背景主要有经济的全球化、法律合作的国际化以及法律人才需求的国际化。特别是法律关系呈现出的多样性与法律业务的区域化、全球化趋势使得传统的法学教育在理念与基本体制方面发生了重要变化。首先,有关国际法的领域得到了进一步的扩大,如国际合同、海外投资、国际金融、反垄断、仲裁、商业贸易等方面需要培养大量的精通涉外法律业务的人才。其次,法学教育的国际化还表现在外国法与比较法课程内容的增加和对不同背景的文化的理解。随着WTO法律体制的确立,各国的法律市场将进一步开放。一种法文化价值体系占主导地位的体制已成为历史,多样化的法文化将在相互借鉴过程中得到发展。在这种新的文化背景下,法科大学的学生不仅需要了解本国的法律文化和法律体制,还要了解其他国家法律体系的特征,培养尊重多种法文化价值的开放和宽容的意识。再次,法学教育的国际化在授课教师结构和学生的构成等方面将发生变化。聘请外国教授讲授短期或一个学期课程已成为主要大学学院的普遍做法,甚至有些大学法学院聘任外国教授为专任教师。如美国纽约大学引进了"国际化法学院"的概念,聘请了大量的国外著名学者为客座教授。最后,随着法学教育的国际化,世界主要大学法学院扩大了招收留学生的比例,而且留学生的构成越来越多样化。如美国大学法学院国际化的重要内容是保持10%左右的外国留学生,学生的来源也多样化,不少学生来自亚洲、非洲和南美洲。

五、法学教育管理组织:从国家管理到行业管理

随着法治国家建设进程的推进,法学教育对整个社会管理系统将产生重要的影响,社会与国家的二元化推动法学教育的管理体制从国家管理逐步走向行业管理。社会自治领域的扩大,客观上缩小了完全由国家培养法律人才的范围,社会本身通过各种非权力性的机构具体组织和管理法学教育的活动,政府逐渐放宽对法学教育的控制,形成弹性的、开放的自由竞争机制。在完全由国家培养法律人才的体制中,法学教育的具体环节都在政府的严格的控制之下,妨碍了各大学法学院之间的自由竞争,扼杀了法学教育本身的个性。目前,各国法学教育改革中"放宽控制"是一个共同的趋势,许多原由政府部门具体掌握的权限下放给各大学或法学院,由大学或法学院自主地决定法学教育制度运作中的具体问题。以国家管理为基础建立的传统的法学教育组织结构或课程体系、教学方法等面临深刻的变革。这种趋势具体表现在:

(1)法学教育改革的政策性研究通常由社会各界人士组成的民间团体完成。在美国、德国、法国、日本、韩国等国在进行法学教育改革时一般由学者、法官、检察官、律师等组成审议会(咨询机构),从比较中立和超脱部门利益的角度提出法学教育改革的政策建议。

(2)在法学教育的具体组织和管理方面政府的职能减少,民间团体(或半民间团体)的职能日益扩大,在有些国家法学教育是由行业组织具体管理,靠自律来保证其运作,民间性成为主要的管理形

式。在美国,自20世纪20年代以来作为法律家自主组织的美国律师协会(American Bar Association,ABA)一直推动和具体管理法学教育的发展和组织。它不仅有权提出法学教育的基本目标与基准(Standard),而且设立学制、入学资格、教授人数、图书馆藏书等具体规格,符合这种规格的法学院才能获得ABA认可的法学院资格。在日本,包括法学教育在内的大学教育一直受到政府的严格控制,《大学设置基准》详细规定了学校的校舍面积、图书册数和师生比例等。连学部学科的名称、课程设置等"软件"也受政府的控制。进入20世纪90年代后,大学审议会提出了以课程设置为中心的"软件"部分大幅度"自由化"的目标,放宽对法学教育的控制。在韩国,为了推动法学教育改革,先后成立了法学教育改革特别委员会、法学教育委员会、法学教育制度研究委员会,由上述民间机构具体提出今后法学教育发展的新模式和改革建议。1996年成立的教育部法学教育指导委员会是适应法学教育行业管理要求的一项改革成果,已取得了积极的成效。

法学教育改革的理念与发展趋势[*]

中国的法学教育在发展过程中面临着一些新的挑战:法学教育规模扩大与确保法学教育质量之间的矛盾,法学教育的途径和层次过于庞杂、培养目标模糊,法学人才的国际视野的局限性,法学教育与法律职业的脱节以及法学人才的区域分布不平衡等,由此对法学教育提出了改革要求。笔者现就法学教育改革的理念与发展趋势谈谈个人看法。法学教育改革理念事关国家法治的前途。从法治建设的发展趋势来看,法学教育的目标是造就具有健全人格的大批的法律职业者,培育职业法律家群体,培养大量高素质的法律人,促进法治社会的形成。笔者认为,法学教育改革中应秉持"职业教育与素质教育并重""精英教育与大众教育相结合"的理念。立足于职业教育的法学教育,是指法学院以培养适应社会经济、政治、文化等

---

[*] 本文发表于《人民法院报》,2010 年 9 月 17 日第 007 版,"法治星空"版块。

各方面发展要求的职业法律人才为目标,对有志于从事法律实务的人进行科学且严格的职业训练,使他们掌握法律的实践技能及操作技巧,能够娴熟地处理社会当中各种错综复杂的矛盾。这种定位既是自20世纪90年代以来借鉴外国,特别是美国法学教育经验的体现,也是中国法学教育改革的实践结果。以1996年中国建立以培养应用型法律人才为目的的法律硕士专业学位教育和2002年统一国家司法考试为标志,中国法学教育的职业化因素日益增强,成为法学教育发展的重要趋势。

然而,在中国目前的国情之下,从教育的一般逻辑来说,法学教育也不能走片面法律职业化的单行道。其基本依据是:目前的大学法学院不仅承担着培养法律专业精英和法律职业人才的任务,同时还肩负普及和提高国民的知识水平、文化素质,改变国民教育的一般文化素质状况,提高全民普遍的文化水平的基本任务;法官、检察官和律师、公证、企业法律顾问等法律服务者不能只具有法律职业知识,还必须具备相应的文化素质、社会责任感、道德修养等,单一具备法律职业知识和技能的人,并不意味着就能达到法律从业的应有效果。实践证明,一名优秀的法学职业者往往具备相当的人文社科乃至于自然科学的综合素质,法律知识的习得与应用需要以综合素质为基础。因此,面向未来的法学教育改革,必然是职业教育与素质教育相互结合、同时并举。

21世纪法学教育应该坚持的方向之一,就是精英教育,即为适应现代法治的要求,以专业化和职业化为背景,以培养具有高度专业化的法律素养、实践能力和人文精神的法律职业群体为使命和目标。其原因不仅在于现代法治是一门复杂的调整社会关系的技术（艺术），其专业性、专门性、综合性及追求正义公正的崇高性必然要求有法律精英才能胜任；而且在当下特别需要反思的问题是：是不是所有大学都可以办法学院，是不是所有考上大学的人都可以学法学，这类问题需要我们认真思考。在培养尖端法律人才的同时，要求现阶段中国的法学院系（以及各类成人高等法律职业教育、中等法律职业教育等）不顾不同类型教育的巨大差别，全面实现法学精英教育和学术教育是不现实的想法。实际上，这样的期望也不符合现阶段的情况，尤其是在中国法律职业相关制度尚未健全的情况下，仓促推行精英教育，拔高教育目标和相关教育和学习要求，必然会引发法学教育机构之间的恶性竞争以及其他一系列问题，进而影响法治进程。显然，忽略中国尚处于发展阶段，非城市居民数量众多，社会转型任务繁重的基本国情，完全照搬外国的精英教育模式是行不通的。国家的法治之路是一种自然的历史进程，要经过长时期的发展，以逐步形成适应国情的法律人才培养模式。因此，秉持精英教育与大众教育有机结合的理念，应是未来法学教育改革的基本方向之一。

法学教育要强化法律伦理教育。健全的人格教育是法学院履行社会责任，成为"受人尊重的法学院"的前提。无论是学术型还是职业型法律人才，最重要的素质是具备法律人的职业伦理与道德。法律人职业伦理，是指法律人在履行职责的过程中，或从事与履行职责相关的活动时所应当遵循的道德观念、行为规范和价值理念的总和，它是法律职业化的伴生物，作为一种社会伦理现象，体现并服从伦理的一般规定性;但它又与法律专业知识和技术紧密相连,是一种特殊的责任伦理。在调整范围上,它主要用以指导、规范法律角色岗位上从事法律活动的法律职业者的言行;在调整内容上,它总是鲜明地体现和表达了法律职业行为的伦理准则、规范及道德心理和习惯。加强法律人职业伦理教育不仅是培养合格的法律人才的基础,而且对于维护法律公正、遏制司法腐败至关重要。

法律人崇高的道德形象来源于科学的司法制度设计以及法律人自身的不懈追求。在公众的眼中,法律人职业道德水平的高低,往往影响公众对法律的信任度。法律人才培养模式应当由一整套与法律职业特点和要求相适应的不同阶段的教育、考试以及培训制度构成。对法学教育人才培养体制进行规划,形成本、硕、博之各层次、各类型的法学教育,建立统一或有效衔接的体系化的培养标准。

实施国际型法律人才培养的战略。法学教育在法治国家的建设中发挥着基础性、先导性的重要作用,法律人才是建设法治国家的重要资源。全面实施依法治国、建设社会主义法治国家的治国方略,对中国高等法学教育提出了更高和更新的要求。如何为国家发展培养更多的国际化的法律人才是法学教育面临的一个重大而紧迫的任务。为此,对当前法学教育和人才培养模式的突出问题和实践经验进行总结,适应民主法治建设和社会总体发展的宏观需求,确立合乎全球化发展需要的法律教育新模式,稳步启动、有效推进"国际型法律人才培养计划",加强高水平师资培养的规模、力度与国家战略导向,培养一大批国际化法律人才,应是法学教育适应经济全球化的重大战略性举措。作为一个负责任的大国,中国正以积极的姿态参与到国际秩序的形成和建构、国际规则的制定和适用之中。同时,中国经济发展已经与国际经济格局密切结合在一起,大型企业"走出去战略"的实施迫切需要提供深入和准确的国际和外国法律优质服务,中国在解决国际重大问题上发挥的重要作用为参与国际法律事务提供了新的空间。中国和平崛起的新形势和法治建设的不断深入,需要法学教育根据新形势下国家的发展需要,改革以国内法为主、学科界限分割严重的、封闭式法学教育模式,积极思考面向国际、面向时代、面向国家需要的国际化法律人才培养模式,培养符合全球化背景下建设社会主义法治国家所需要的高素质、复合型、应用型、国际型的法律人才。

注重法律实践性教学。在法律实践性教学中,转变教学理念,从卖方主导转向买方主导,由管理转向服务,强练内功,内外互补,构建结构合理、动态调整的师资队伍。改进教学方法的归宿是解决就业环境变化下学生适应社会需求的能力。教育机构需要强化实践性教学的过程性管理,将实践性教学纳入质量评测的范畴,赋予"教"与"学"双方必要的激励和约束,将实践性教学由市场驱动转变为自我改革完善的过程。总体而言,面对激烈竞争的就业环境,法学教学机构需要通盘考虑、统筹规划,从自身调整着手,面向市场需求,充分利用各类社会资源,科学地制订实施教学方案,建立灵活和具有实效性的法学实践性教学体系,以服务于日渐多元化的法律服务市场。

坚持"以人为本"法治新理念[*]

基于对历史与现实问题的综合考量,未来五年的社会发展中,我们需要高度关注"以人为本"价值的制度化问题,使之不断成为人们的生活方式,进而成为国家政治文化的主流追求。从这一意义上讲,未来的法治发展应更自觉地围绕着人的主体性和维护人的尊严而展开。国家"十二五"规划提出了未来五年中国社会发展的基本目标与任务。其核心是在科学发展观的指导下,加快经济发展方式的转变,促进社会的综合发展。虽然"规划"中直接涉及法治的内容并不多,但从其理念与发展目标看,法治是未来五年社会发展中不可忽视的重要因素。面对未来五年中国社会的发展蓝图,我们需要认真思考法治在"十二五"规划实现过程中的功能问题,需要坚持法治理念,遵循法治原则。在我看来,在整个"十二五"规划期间,法治

---

[*] 本文发表于《中国社会科学报》,2011年1月4日第004版。

发展的新理念应当是,在社会发展中更加突出人文价值,使尊重与保障人的尊严成为国家的基本价值观。

"十二五"规划首先强调了三个转变,即从生存型向发展型的转变,从增长型向协调型的转变,从规模型向质量型的转变。这种转变提出的法律问题之一就是要解决社会发展观的正题,要回答为谁服务,为谁发展,由谁分享发展的成果这些根本性问题。如果一个社会中国家制度的发展缺乏基本价值观的指引,或者仅仅从"物"的角度看问题,有可能失去制度发展的道德基础。长期以来,我们在社会发展模式上,盲目地追求经济增长,而忽视了增长背后存在的价值观与政治道德问题。于是,借发展的名义,出现了公权力侵犯公民基本权利的现象,造成公权力与私权利的冲突,有些冲突引发了社会矛盾,甚至群体性事件。基于对历史与现实问题的综合考量,未来五年的社会发展中,我们需要高度关注"以人为本"价值的制度化问题,使之不断成为人们的生活方式,进而成为国家政治文化的主流追求。从这一意义上讲,未来的法治发展应更自觉地围绕着人的主体性和维护人的尊严而展开。改革开放30多年来,我们逐步实现了从人治向法治的转变。在这一转变过程中,至关重要的问题就是对国家公权力的控制和对公民基本权利的保障,而这正是法治的使命所在。在30多年法治发展中,我们找到了法治发展的动力来源与价值标准,开始思考一些法治发展中的深层次的价值问题,即如何通过法治的发展满足社会主体的需求,如何通过法治的发展使人成为有尊严的个体。中国法治发展道路必须深深铭记"人性关怀",法治发展的进程应更凸显人权的价值。1982年"人格尊严"条款载入《宪法》,1989年《行政诉讼法》颁布、1994年国家赔偿等一系列制度的建立和发展,特别是2004年"人权条款"载入《宪法》,使得个人面对国家的主体地位逐步提升,法治发展中国家主义色彩逐步淡化。在30多年法治发展的基础上,体现"以人为本"的立法、制度调整与改革将呈现出进一步扩大的趋势。可以说,从2011年到2015年,在社会主义法治国家建设进程中,最关键的是宪法实施保障问题,人们将越来越重视宪法治理。以人的尊严与自由的维护为基础,在法治发展中需要不断强化"宪治"因素。可以说,整个"十二五"规划能否实现,很大程度上取决于宪法功能的发挥程度。无论是经济发展目标、社会制度以及基本国家制度的维护等,每一项内容都与宪法本身的实施有关。

在现代宪法发展中,人应该是独立的、有尊严的、个体的人,与此相对立的是沦为客体的、没有尊严感的、附属于群体的人,宪法的目的旨在充分尊重与保障每个个体的主体性与尊严。在传统社会,人往往作为社会的附属而存在,在个人与国家的利益比较中,个人是无条件服从于国家的。因此,在价值排序上,往往只强调国家和集体的利益,而对正当的个人利益却没有给予必要的重视,形成了单纯以国家利益为核心的价值观。当然,重视国家利益是应该的,它对于激发个人的奉献精神,凝聚人心具有重要意义,但过于绝对化必然带来对个人利益的侵犯。因为在这样的价值观指导下,个人往往被置于客体地位,必然成为实现国家利益的手段和工具。在"十二五"期间,应当通过宪法治理寻求公权力与私权利之间的合理平衡,以法治理念推动社会发展,建立合理而有效的利益表达机制。

在"十二五"期间,我国宪法需要完善的重要制度之一就是建立具有中国特色的违宪审查制度,及时预防与有效解决现实生活中大量存在的违宪问题,维护国家的基本制度、党的执政地位与社会主义核心价值观。

在未来的社会发展中,法治这一话题将会越来越突出。为了在重大法治发展问题上掌握主动权,发挥宪法制度的优势,有必要在人民代表大会制度下建立专门性的宪法监督机关,使违宪审查成为专业性、经常性的活动。现行宪法颁布实施的经验表明,如果没有实效性的宪法保障制度,难以保证社会主义法制的统一性,也无法有效地维护国家基本制度。因此,着眼于社会主义法律体系的长远发展,特别是从维护党的执政地位的高度,在全国人大设立"宪法监督委员会"是非常必要的。如果没有实效性的违宪审查制度,将无法充分发挥宪法作为根本法的作用,无法为"十二五"规划提供有力的法律保障。

国际型法律人才,如何培养[*]

缘起

在经济全球化背景下,各国的法学教育正面临着各种挑战,处于转型过程之中。法学教育改革已经成为当代法学教育发展的共同趋势,其中引人注目的趋势之一就是国际型法律人才的培养。法学院校作为弘扬法治信仰、传递法律知识的摇篮,无疑是推进法学教育和开展法学研究的基础力量,由此被赋予了重要的历史使命。

法学教育要根据新形势下国家的需要,改革仅仅以国内法为主、学科界限分割严重的封闭式教育模式,创设面向国际、面向时代、面向国家需要的国际型法律人才培养模式,培养符合全球化背景下建设社会主义法治国家所需要的高素质、复合型法律人才。中

---

[*] 本文发表于《光明日报》,2011年5月5日第015版,"法治"版块。

国法学教育下一轮的改革将主要围绕人文化、精英化、规范化、国际化目标展开,而国际化将成为推动改革发展的基本背景与动力。

从广义上讲,在全球化背景下,法学院培养的全部法律人才都应具有成熟的"全球化意识"、具备国际视野,能够适应未来全球化发展趋势。从狭义上讲,国际型法律人才则是指通晓国际法律规则和实务、具有极强的外语能力的复合型法科人才和学术型法科人才。

法学留学的开端

第一位自费留学海外学习法学的中国人,是近代著名法律改革家、外交家和大律师伍廷芳。他于1874年赴英国林肯律师学院学习,并于1876年毕业,获得英国大律师证书。在个人自费留学法律活动展开的同时,清政府官派的留学活动也开始起步。1877年福建船政学堂派出学员与艺徒共28人赴英法学习,其中接触法律的有马建忠和严复等人,后者对中国近代法学做出了重要贡献。

在向欧洲国家派遣法科留学生的同时,中国知识界的眼光也开始瞄向日本。1896年,第一批13名赴日留学生派出,其中学习法律者有唐宝锷等人。随后,向日本派出留学生的活动愈演愈烈,1905年和1906年,中国留日学生均达到8000人,其中的相当部分都是法科留学生。据统计,从1905年至1908年,赴日的公费法学留学生约有1145人。1940年以后,中国法科留学生主要集中在英、美、法、德等国。端木正、陈体强、王毓华、赵理海、刘家骥、韩德培等知名法学教授，都是这一时期赴欧美留学的法科学生。据统计，自鸦片战争至1949年的100余年时间里，中国共向国外派遣了4500余名法科留学生，他们是法学教育国际化的受益者，也是近代中国法治建设的中坚力量。

中华人民共和国成立后，从20世纪50年代初开始向苏联派遣法科留学生，当时的中国人民大学法律系、中国科学院政治法律研究所、西南政法学院、华东政法学院等高等法律院校，均向苏联派出了自己的优秀教师，前去学习法律知识，并攻读各种学位。

为什么要培养国际型法律人才

国际型法律人才的培养，既是国际合作与竞争的外因使然，也是国家发展与改革的内在要求；既是深入推进法治建设的大势所趋，亦符合法学教育的发展规律，同时也是法学和法律人才的自身发展诉求。概而言之，国际型法律人才的培养有以下几点原因和要求：

第一，国际型法律人才的全球化背景。全球化背景对我们的法律人才结构和素质都提出了新的更加严格的要求。但反观我们当下的法学教育，应该说还远未达到全球化背景下国际国内对法律人才的需要。例如，2011年联合国总部实习项目需要200多位实习生，但从中国国内直接申请的仅6人，这反映了中国法科学生的国际化水平亟须提高。更为重要的是，中国作为大国，我们的法律人才为国家应该在国际舞台上争取更多的话语权，尤其需要相当数量和较高素质的国际型法律人才。

第二,国际型法律人才的培养是国家发展和法治建设的内在要求。经过30多年的改革与发展,我们国家的经济水平和法治面貌都发生了巨大的变化。在新的历史时期,如何通过法治的途径消解社会矛盾,达到社会公平,其中包括作为平等主体的国家之间的经济合作与交流关系,都需要国际型法律人才的智力支持。

第三,国际型法律人才培养模式是法学教育自身规律使然。在各种提升中国法学教育水平的路径中,国际型法律人才培养模式无疑是高度重视的重大课题。国际化法律人才的培养将会建构一个更加广阔的中外法学教育和法学研究的交流与合作的平台,提高中国学界对外国法、国际法的研究水平,扩大中国法律的对外传播,增强中国法律的国际影响力。在这一交流过程中,必然会带来外国最新的法学教育理念、教学方式和方法,从而可以为中国法学教育的整体改革提供某种参考和借鉴。

第四,成为国际型法律人才是当今中国法学和法律人才发展的需要。纵观世界各国尤其法治水平相对较高的西方发达国家,法律人才的自身素质和其在社会进步中扮演的积极角色都是有目共睹的。相比较而言,我们培养的一些法律人才既缺乏接触高水平法学研究和法治实践的良好机会,同时也不具备参与深层次法学交流与合作的素质。

由此可见,国际型法律人才既是全球化背景下的大势所趋,同时也是国家发展和法治建设的客观需要,符合法学教育的内在规律。

培养须从宏观规划开始

国际型法律人才的培养,既要树立长远眼光和发展意识,又要及时适应国内外法律实践对国际型法律人才的迫切培养要求。概括地说,我们要从两个大的角度把握国际型法律人才的培养,一是宏观规划,二是具体策略。就宏观规划而言,无论法治建设抑或法学水平,尤其是国际型卓越法律人才的培养,并非一蹴而就之事,必须作为一项战略原则,持之以恒,循序渐进。从宏观上认识和把握国际型法律人才的培养,就是要充分认识到,在国际型法律人才的培养规划中,本科教育是生源提供者,法律硕士和法学硕士的人才培养是重点,国内外联合培养是重点,国际型卓越法学人才的培养是难点。从国际型法律人才培养模式的角度考虑,就是要分门别类地进行以下人才培养模式的考察和完善:

第一,针对法律硕士进行的国际性法律人才教育。在法律硕士教育中,侧重招收那些本科为英语专业或者英语能力极高的非法律专业学生入学,在确保其全面、系统地掌握中国法律专业知识的同时,充分发挥其外语优势,由外籍专家进行系统的外文法学教学,并在完成国内法学教育后进一步选拔其到海外一流法律院校留学一年,取得硕士学位(LLM),使其充分掌握国际法律实务的一般技能。

第二,针对法律本科和法学硕士学生进行的国际性法律人才教育。要选拔外语能力强、学习欲望强、具有从事国际法律实务志向的法学本科学生入学,由中外专家进行高密度的外语法律教学,侧重培养学生某一方面的国际法律专长,提高学生的国际法律实务应用能力。

第三,针对那些具有强烈的从事学术研究意愿和潜质的学生进行国际型学术人才的教育。可以吸收其进入博士课程学习,并与国外大学合作,通过联合培养,取得国内和国外一流大学双博士(PHD和SJD)学位的方式,培养其追踪国际法律理论前沿、进行创造性研究的能力,造就具有国际影响力的学术大师。

当然,从更广阔的角度来看,国际型法律人才的培养,是一项事关国家法治建设和国际竞争的重要战略举措,高等学校的法学教育模式探索只是其中一环,但就这一环而言,依然离不开总体性的规划。除去上述对法学教育各阶段相应于国际型法律人才的培养之外,相关人力、物力的调动与投入,各个高等院校之间的交流与合作也是重要途径。

人才培养最终还得靠具体举措

那么,国际型法律人才的培养究竟有哪些具体举措呢?我认为,主要体现在以下几个方面:

第一,师资队伍建设。优质的师资是国际型法律人才培养的关键。我们要拥有一支高水平师资队伍,要与国外一流法学院校保持稳定的国际交流和合作关系并与国内外法律实务部门建立共建机制。

第二,课程体系建设。国际型法律人才相应的课程设计要体现国际型、实践性、前沿性的特点。我们认为,这一课程体系至少应包括如下基本板块:中外法律基础课程、国际法律前沿课程、国际法律实务技能课程等。

  第三,具体项目设计。国际型法律人才的培养目标要求我们必须适当调整较为固定的教育模式,为法律人才提供更多更灵活的学习内容和学习方式。在这方面,各个学校基于传统、地域等因素,不可能也没有必要雷同,而应适当保持特色性和灵活性。

  第四,国内外交流合作。国内外交流合作尤其是加强国内法学院校与国际一流法学院的交流与合作,是国际型法律人才培养的不二之选。国际型卓越法律人才的培养既要发挥国内优秀法律院校人才培养的优势和积极性,更要吸收国外一流法学院校的参与,并通过师资互派、合作研究等双向国际交流的形式,充分利用国内外的法律人才培养资源,实现强强联合。同时,也要通过联合培养、共建课程、远程教育、开发项目、短期交流等形式,探索国内外优势互补的人才培养新模式。国际型法律人才的培养是国家的一项整体性规划,各个院校之间理应加强合作,学习经验,分享资源,共同为培养更多更优秀的国际型法律人才而不断努力。

全球化背景下中国法学教育面临的挑战[*]

一、全球化与法学院的功能

经过60多年的发展历程,中国法学教育正面临着深刻的变革。众所周知,中国的法学教育是在改革开放的背景下恢复与发展起来的,每次重大社会改革及其进展与社会转型期的基本特点密切相关。在不同的发展时期,法学教育与社会发展、法学教育与社会价值观的变迁之间存在着内在的联系。我们在评价当前法学教育面临的各种问题时,不仅要看法学教育本身的体系,而且要看其背后的社会经济需要、改革目标、文化传统及大学制度本身的深层演变,以寻求推动法学教育变革的内在与外在的动力。这种改革的特殊背景实际上构成了大陆法学教育发展的特定背景与特点。

---

[*] 本文发表于《法学杂志》,2011年第3期,"院长论坛"版块。

法治发展内在动力并不来自外在法律体系的建构,也不表现为法律数量的几何级增加,最重要的需求来自维护法制、实践法治价值的一大批法律人才。因为法治观念的提高和法律意识的养成需要长期的积累与过程,法学教育不仅培养法律职业者,而且要肩负培育全体公民法律信仰以及提高公民法律素质的使命,这对法学教育的体制、教育目标和知识结构等方面提出了改革要求。作为以培养法律人才为目的的法学院,需要在法治发展进程中不断地获得制度的支持,及时地回应社会的变化。当然,中国社会治理结构的变化也在深刻地改变着法律人才培养模式。

法学教育改革的外在因素主要是全球化、信息化以及由此带来的知识经济、科学技术发展的影响。在信息化、国际化的时代,一个国家法学教育所承担的功能并不限于为主权国家的利益服务,它必须考虑经济全球化背景下超越国家利益的"世界公民"的需求,使法学院培养的法律人才具有成熟的"全球化意识",要适应未来法学教育的发展趋势。一所优秀的法学院之所以是优秀的,不仅在于它能够培养优秀人才,而且在于其能够充分实现大学的使命和每一个人的价值。有什么样的教育体制,就能培养出什么样的人才;而培养的人才状况,又决定着一个国家在国际舞台上的竞争力,也影响着人类的发展未来。

毫无疑问,21世纪国家之间的竞争在于法治力量的竞争,法治力量的竞争又体现在法律人才的竞争,而法律人才的竞争又体现为法律人才国际化的程度。因此,中国法学教育下一轮的改革将主要围绕人文化、精英化、规范化、国际化目标展开,而国际化将成为推动改革发展的基本背景与动力。

二、法学教育面临的新挑战

几十年来,中国法学教育取得的成绩毋庸置疑,这是未来其持续发展的基础和前提。但是谨慎地评价其发展特点及未来发展趋势,中国法学教育正面临着新的挑战,主要体现为以下方面的矛盾关系。

(一)法学教育规模扩大与确保法学教育质量之间的矛盾

随着法学院校数量与招生规模的不断扩大,法学院的在校生人数激增,质量下降的趋势开始出现。中国法学教育的大规模扩张是在比较短的时间内实现的。在过去的30年中,法学教育每一个10年都在规模上实现了"跳跃式"发展。30年间,法学教育规模的发展不仅表现为本科法学教育设置学校的剧增,而且表现在研究生法学教育种类的增多和规模的扩大。比如,2000年前后,全国有50余所高等院校具有法学硕士学位授予权,共有硕士学位点300余个,18所教学科研机构可以授予法学博士学位,全国有7000多人获得法学硕士学位,400多人获得法学博士学位。但是到了2008年,法学硕士、法学博士的招生规模比2005年大约翻了一倍。而2009年招收的法学博士生约1000人,在校法学博士生近3000人。

在法学院校的数量上,截至2006年底,全国设立法律本科专业的高等院校已达603所,在校的法律专业本科生近30万人。根据2009年中国法治蓝皮书《中国法治发展报告》的统计,截至2008年11月,全国共设立法学院系634所,30年来增长了105.7倍;法学本科在校生 30 万人左右,法律专科在校生达 22 万人,30 年增长了 200 多倍;硕士研究生 7.9 万人,博士研究生 1 万人。目前,有法学硕士学位授予权的高等院校和科研机构达 333 所,有法学博士学位授予权的高等院校和科研机构 29 个,有 13 个法学教育机构设有法学博士后科研流动站。在如此短暂的时间内实现法学教育种类的增加和规模的扩大,在师资、图书数据、实习机会、硬件设施等教学资源极其有限的前提下,必然带来教育质量下降的问题,无法顺利实现既定的培养目标。这也导致一些用人单位抱怨法学院毕业生专业功底不扎实、实际工作经验欠缺、法律以外的知识储备不够。另外,由于有些地区与岗位对法学院毕业生的需求接近饱和,同时出于司法考试、公务员考试等无法与法学教育有效衔接等原因,法科毕业生也出现了就业"用非所学"的尴尬现象。

(二)法学教育的途径和层次过于庞杂、培养目标模糊

长期以来,我们对于法律人才的培养采取的是以传授知识为主的"素质养成型"教育模式。自 20 世纪 90 年代以来,高等教育的研究生学位教育取得了飞速的发展,逐渐形成了一套既与国际接轨、又具有中国特色的正规法学学科学位制度,包括法学学士、法律硕士、法学硕士和法学博士学位制度。

但是,在种类繁多的法学教育层次中,各层次的教育目标并非十分清晰,各个层次间也没有互相衔接,教育途径和层次过于庞杂。这种现象严重影响了教育质量的提高,也在一定程度上损害了法学教育的整体形象。同时,由于教育管理体制的变化,地方可以自主设置法学专业,但有关部门并没有制定严格的、可以操作的法学本科设置标

准,导致了近年来出现了很多不具备条件的教育机构开设法学本科的现象,影响了本科教育这一法学教育中最基础部分的教学质量。

(三)法学人才的国际视野的局限性

经济全球化要求造就通晓国际法律规则和实务、具有极强的外语交涉能力的外向型、国际型、复合型法科人才。国际秩序的建构依靠的是国际规则的制定和运用,中国在崛起阶段所具有的外向型经济特点决定了我们当前培养的法律人才应该具有国际的眼光和战略,通晓国际条约和国际惯例等游戏规则。但目前的法学教育中缺乏系统的比较法、外国法教育,学生获得国际化法律训练的机会与途径单一,缺乏国际视野的问题仍然十分严重。

(四)法学教育与法律职业的脱节

由于在制度设计上法学教育与法律职业存在着一定的割裂,缺乏法学教育与司法考试制度之间有效衔接的机制,许多法学专业毕业生不能进入法律职业,使得法学教育资源极大浪费。法学教育与法律职业在制度上的割裂,一方面,使法学教育的培养目标更加模糊,削弱了法学教育的专业培养功能,妨碍了法学教育的专业化改革;另一方面,法学院的"产品"——法科学生无法有效地满足法律职业的发展要求,损害了法律职业对法学教育的信赖。

(五)法学人才的区域分布不平衡

1978年以来,中国法学教育的规模和数量有了急剧的增加,但是,法学教育的快速扩张并没有有效解决法学人才的区域分布不均衡的问题。东部沿海地区和中西部地区在职业法律人才的数量、规模和质量上存在较大差距,一方面在大中城市法学毕业生就业困难,另一方面基层特别是中西部地区的基层法院、检察院等法律部门人才短缺现象严重。为此,法律职业部门也对司法考试制度和法学教育提出了改革要求。

(六)法科学生就业率与就业去向需认真引导

评价法学教育现状的另一重要指标是法学院毕业生的就业率和就业去向。近年来,法学院学生"就业难"问题引起了社会的广泛关注,由此提出各种法学教育改革的方案。据一份来自第三方评估与调查机构的统计数据显示,2008届毕业生的平均就业率是88%,而法科毕业生就业率为79%。尽管这一统计未必能全面、客观反映当年就业情况,但多少能够反映这其中存在的问题。

笔者认为,我们需要正视就业面临的新问题、新竞争,但对目前就业率也需要准确判断与分析,需要对不同类型法学院学生的就业率进行多视角的分析,不能简单得出"就业难"的结论。总体上,法学仍然是很有吸引力的专业,是考生报考的热门专业之一。教育部高校学生司副司长张浩明2009年8月18日接受"中国政府网"在线访谈时表示,截至2009年7月1日,教育部统计的高校毕业生就业率是68%,和去年同期基本持平。与之相比,主要大学法学院学生就业率高于平均水平。例如,北京大学法学院2009年毕业生总计650人,其中本科生毕业生151人,就业率92.7%;法学硕士毕业生115人,就业率97.4%;法律硕士毕业生340人,就业率98.5%;法学博士毕业生44人,就业率97.7%。清华大学法学院2009年毕业生总计532人,就业率98.5%。中国人民大学法学院2009年毕业生总计580人,截至2009年12月就业率97.76%。

三、法学教育改革的理念与发展趋势

（一）法学教育要强化法律伦理教育

健全的人格教育是法学院履行社会责任、成为"受人尊重的法学院"的前提。法学院历来被誉为"法律职业的守护者"（Law schools are the gate keepers for the legal profession），无论是学术型还是职业型法律人才，最重要的素质是具备法律职业者的职业伦理与道德。法律人职业伦理是指法律人在履行职责的过程中，或从事与履行职责相关的活动时所应当遵循的道德观念、行为规范和价值理念的总和。它是法律职业化的伴生物，作为一种社会伦理现象，体现并服从伦理的一般规定性。它又与法律专业知识和技术紧密相连，是一种特殊的责任伦理。在调整范围上，它主要用以指导、规范法律角色岗位上从事法律活动的法律职业者的言行。在调整内容上，它总是鲜明地体现和表达了法律职业行为的伦理准则、规范及道德心理和习惯。加强法律人职业伦理教育不仅是培养合格的法律人才的基础，而且对于维护法律公正、遏制司法腐败至关重要。法律人崇高的道德形象来源于科学的司法制度设计以及法律人自身的不懈追求。在公众的眼中，法律人职业道德水平的高低，往往影响公众对法律的信任度。

（二）建立统一的法学学位体系

当前，法学学位体系过于繁杂，缺少主学位。法学主学位（或第一学位）应当是进入法律职业的基本学位，法学主学位（或第一学位)是法学教育资源的合理分配和学生就业指向的重要标准。这也是目前法学教育改革的重要任务。一个立足现实、比较合理的方案是以法学本科教育为基础学位,硕士研究生教育(含学术性和应用性两种硕士)为主学位,博士研究生教育为补充的学位体系。

(三)法律人才培养模式的多样化

法律人才培养模式应当由一整套与法律职业特点和要求相适应的不同阶段的教育、考试以及培训制度构成。法律人才培养模式的特点应具备全程性、完整性和双重性。有必要对法学教育人才培养体制进行规划,形成本、硕、博各层次、各类型的法学教育,建立统一的或者能够有效衔接的体系化的培养标准和模式。

(四)实施国际型法律人才培养战略

在法治国家的建设中,法律人才是建设法治国家的重要资源,法学教育发挥着基础性、先导性作用。全面实施"依法治国、建设社会主义法治国家"的治国方略,对中国高等法学教育提出了更高和更新的要求。如何为国家培养更多的高质量、国际化的法律人才是法学教育面临的一个重大而紧迫的任务。为此,对当前法学教育和人才培养模式的突出问题和实践经验进行总结,适应民主法治建设和社会总体发展的宏观需求,确立合乎全球化发展需要的法律教育新模式,稳步启动、有效推进"国际型法律人才培养计划",加强高水平师资培养的规模、力度与国家战略导向,早出、快出一大批国际化法律人才,是法学教育适应经济全球化的重大战略性举措。

在目前中国法学教育发展的新形势下,实施"国际化法律人才培养计划",具有多方面的意义。

第一,有助于克服当前法律人才培养的弊端,有针对性地培养急需的国际型优秀法律人才。如前所述,尽管中国法学教育经过30多年的发展,取得了巨大的进步,但是,人才培养结构失衡,培养模式单一,过于强调学术训练,忽视高端应用型、国际型法律人培养的问题也十分突出。针对法学教育的这些问题,通过开展和实施"国际型法律人才培养计划",选择部分高水平法学院校,充分发挥其在国际法和国内法的教学、科研实力,针对部分政治立场坚定、专业基础好、外语能力强、有潜质的学生进行系统、全面的培养和训练,可以在短期内培养一批当前急需的国际型优秀法律人才。

第二,有助于集中力量,发挥国内外各方优势,培养视野广阔、能力超群、为我所用的一流国际型法科人才。培养高层次国际型卓越人才应该是国内一流法学院的责任和社会使命,是其义不容辞的责任。实施"国际型法律人才培养计划"可以鼓励一些国际化程度比较高的学校充分挖掘既有的国际资源,通过邀请外籍教师任教、运用现代技术手段进行国际教学等方式,有效利用国际师资和法学教育资源,提高国际型法科人才的培养质量和水平。

第三,有助于促进国际交流和合作,促进中国法律人才培养理念、方式和方法的改革。实施"国际型法律人才培养计划"将会建构一个更加广阔的中外法学教育和法学研究的交流和合作的平台,提高中国学界对外国法、国际法的研究水平,扩大中国法律的对外传播,增强中国法律的国际影响力。在这一交流过程中,必然会带来外国最新的法学教育理念、教学方式和方法,从而为中国法学教育的改革提供参考和借鉴。

宪法教育是法治教育的基础[*]

今天是首个国家宪法日,中国宪法学研究会会长韩大元应邀参加了两场活动,上午在北京景山学校参加"国家宪法日校园主题教育活动",和300多名中学生共同诵读宪法;下午来到北京市海淀区人民法院,为60多名初任法官、人民陪审员讲授宪法课。

让这位著名宪法学者印象深刻的是上午的活动,"很多国家把宪法教育作为法制教育、国民教育、公民教育的基础,但在我国校园里,针对青少年进行法律教育的方式还是有些不足"。

"我们进行过很多爱国主义教育和法制教育,但总是过多强调一些部门法,比如刑法中规定的哪些事情你不能做,做了就是犯罪。法律在孩子们心中留下的印象就是消极的,就只是它的制裁功能,就是警察要抓坏人,忽略了法律对人的自由和权利的保护,因为没有给他们讲讲宪法。"

---

[*] 本文发表于《中国青年报》,2014年12月5日第07版。

韩大元说,在一些国家,会用不同方式对不同年龄的学生进行宪法教育。比如针对小学生就会运用他们喜欢的拼图、游戏方式来拼出个人的头像,老师告诉他们,这是我们国家的独立宣言起草者。或者拼出个图片,告诉他们一种权利,警察不能随便抓人,对于人身自由的保护条款几乎是所有国家宪法中的规定,没有经过特定的程序和法定机关,不能限制人身自由。

对于中学生,讲宪法就可以突出国家和人权这两个宪法的基本精神,限制国家的公权力,保护人权,中学生对国家的理解是他看到的一些国家机关大楼,比如法院和政府,"就可以告诉他,这些都是国家的外在表现,国家的存在就是为了保护我们每一个人"。

今天上午在景山学校,韩大元等和师生们齐声诵读了宪法的序言和两个条文。在专家讲宪法环节,韩大元告诉在场的学生,宪法就是一本教科书。

"宪法是历史的教科书,我们一起诵读的宪法序言中讲述了中国的历史,宪法规定了选举制度,是民主的教科书,教我们什么是民主,懂得了宪法的精神和原则之后,你就会了解各个部门法,因为它们都来源于宪法。"

"宪法也是生活的教科书,和每个人息息相关。什么是公民?宪法规定,出生拥有中华人民共和国国籍就是公民。你出生就和宪法打交道,宪法伴随着你的一生。"

在讲述宪法核心精神时,韩大元说,人权保障是最重要的原则之一,国家尊重和保障人权,意味着不论你来自什么阶层、什么地方,法律面前人人平等,每个人都有自己的尊严和自由,以及体面生活的权利。所以,同学们要从小学会遵守规则,如何尊重他人、爱护他人、帮助他人。

"现在,进行的社会主义核心价值观与宪法有关,包括爱国、文明、富强,这都体现在宪法中,懂得了宪法也就懂得了社会主义核心价值观。"

公法使命与公法教育的未来*

非常荣幸在海峡两岸第五届两岸公法学论坛之际,与台湾的各位前辈和同人相聚政大,分享学术成果,交流思想!首先,请允许我代表中国人民大学法学院、中国宪法学研究会和与会的大陆各法律院校的教授们,向第三届公法学论坛的召开表示最热烈的祝贺!

两岸公法论坛是大家共同期待的学术交流平台,凝聚着大家学术理想、责任与使命。经过大家 5 年多的共同努力,本论坛已经持续了 4 年,大家的学术共识越来越多,对共同问题的思考越来越多,对促进两岸的交流与合作发挥了积极的作用。除学术的交流外,彼此友谊越来越深,特别是为同学们提供的学术平台为年轻学者的成长提供了机会。虽然现在对本届论坛的影响做过于乐观的评价还为时过早,但我个人感到也许它会成为两岸公法学交流与合作的重要

---

* 2012 年第五届海峡两岸公法学论坛上的致辞。

学术平台。我们追求一种普世价值,追求学者的责任,追求两岸人民的福赐与幸福。回到人类的普遍价值,我们分享的价值共识会越来越多。因为,经过四年的合作与交流,我们确实感受到同一个公法学者的良心、责任与自豪。

各位同人,两岸关系正处于良好的发展势头,学者的责任越来越重要。我们虽然生活在不同的制度下,有着不同的现实政治制度与法律体系,也有着不同的生活方式。但作为学术的追求,为两岸人民的幸福、福祉与和平的历史使命是相同的。我个人认为,学术是可以超越不同的政治与时空,会寻求我们共同的追求。特别在公法世界,虽然存在着不同的理念与制度模式,但我们客观地、历史地透过不同制度,可以发现共同的价值与可以共享的理念。

在公法制度的发展中,无论是在宪法领域还是行政法领域,制度变革和观念的转变均围绕着人的主体性和人的尊严而展开。使国家富有理性,保障人权,这正是公法的使命所在。在公法的发展与实践中,我们找到了公法制度发展的动力来源与价值标准,需要思考一些公法发展中的基本问题,即如何通过公法制度的发展满足社会主体的需求,如何通过公法制度的发展使人成为具有尊严的个体,使公法发展的进程凸显人权的价值。大陆公法的发展已经确定了价值基础与动力。2014年是"国家尊重和保障人权"写进宪法的十周年,这是具有重要意义的宪法的变化,标志着国家价值观的转变,从价值定位上明确了国家与政府是为人权而存在,人民才是目的。10年来我们在人权实践上取得了一些进展,但与原则、与实践的冲突是必须承认的,包括生命权在内的人权文化还没有确立,人民还不能充分享受安全。但无论如何,宪法的立场是非常明确的,公法精神也在于人权的维护。最近大陆法治发展也出现新的变化,如从立法时代进入解释时代,从工具主义法治观转变为价值主义法治观,从单纯的依法治国转变为依宪治国,从城市的法治转变为法治的协调发展。我们看到一些新的变化:劳教制度废除,户籍制度改革,行政审批制度改革带来政府与市场的新变化,市场作用越来越重要等。但核心的目标与根本的变化是坚持法治,建设法治中国,使国家生活法治化,包括执政党在内的所有组织都在宪法和法律范围内活动,宪法和法律是"大老板",宪法统治下的国家将保护所有人的权利。只有这样,我们才能从制度层面提升个人面对国家的主体地位,逐步淡化公法的国家主义色彩。未来的两岸关系中,公法,特别是宪法是我们无法回避的问题,最终我们要寻求价值共识,为两岸的和平与稳定,贡献我们学者的智慧与经验。

本次论坛为我们进行自由的学术交流与合作提供了良好的平台。通过讨论,我们了解了公法价值,特别是社会保障权方面发挥的重要作用,同时也感受到为实现法治理想的目标大家所做的各种努力。我们相信,本次论坛丰富和发展了公法对基本权利保护的学术命题,并为今后的研究与实践奠定了良好的基础。

当然,作为公法学者,我们深深感受到,实现立宪主义理想的过程是艰难的,真正保障基本权利,为民众提供有效的公法救济仍面临着许多新的挑战与课题。希望以这次论坛形成的学术成果为基础,进一步扩大学术交流与合作,以我们的学术良知与智慧解决实践中的各种难题。

衷心希望我们戮力同心，坚守法治的价值、信念与理想，不负社会民众的殷殷期待，搭建更多的沟通平台，紧密合作，交融共进，为实现政治通达、人民幸福、经济发展、文化繁荣、法治昌盛的理想而共同努力！我们有理由相信，法治主义目标已经确立，进程不再遥远，让我们从这里出发！

人类尊严、文化多样性与法治
——在卑尔根大学荣誉博士授予仪式上的致辞

尊敬的 Dag Rune Olsen 校长、尊敬的各位来宾、女士们、先生们：

很荣幸能在今天的荣誉博士学位授予仪式上致辞,特别是很荣幸代表其他七位荣誉博士致辞,非常感谢卑尔根大学对我这位远道而来的客人的关照。在此,我想特别提及 Leif Ove Andsnes 先生、Jostein Fet 先生、Edvard Moser 教授和 May – Britt Moser 教授、Peter Opsvik 先生、Arthur L. Stinchcombe 教授以及 Katherine Jane Willis 教授他们在各自的领域均做出了卓越的贡献,我向他们表示最深切的敬意！

首先,感谢卑尔根大学授予我们荣誉博士学位,这对我和其他几位荣誉博士来说,都是非常崇高的荣誉。在此,我们要感谢各位同人的支持和帮助,感谢家人给我们的爱与鼓励！

其次,请允许我个人对卑尔根大学法学院院长巴肯以及为推动两院合作做出贡献的师生表示最诚挚的谢意！我从 2009 年开始担任中国人民大学法学院院长，建设一所受人尊敬的法学院是我的追求。2010 年，我有幸与巴肯院长结识并建立深厚的友谊，由此开启了两院之间广泛的交流与合作。

几年来，人大法学院和卑尔根大学法学院的同事们，通过学生交换、学者交流、中国法暑期班以及博士生学术圆桌会议等各种形式，为师生分享各自的法律和文化传统提供了机会。访问人大法学院的卑尔根大学教授和学生们，给我们带来了挪威的法治文化；到访卑尔根的人大师生，也为这座古老的城市增添了中国元素。与卑尔根大学法学院的全方位合作，是我院长任期内的一项重要工作，我相信双方都从这一伙伴关系中获益匪浅。因而，这一荣誉博士学位，不仅是我个人的荣誉，更凝聚着大家为合作交流所付出的各种努力。作为一所具有 70 多年历史的著名大学，卑尔根大学以其杰出的学术研究、社会服务以及国际化战略在欧洲乃至世界上都享有崇高的声誉。尤其是在中国与挪威友好关系的发展中，卑尔根大学发挥了重要的作用。昨天，卑尔根大学正式成立了中国法中心；我相信，这会将两国法学界之间的交流与理解提升至一个新的高度。正如我们所看到的，虽然我们生活在相隔遥远的两个国度，但中国与挪威两国人民，尤其是两国法学界一直保持着密切的交流。跨越时空，我们共同分享着人类文明与法治的经验、价值和成果，共同思考着并致力于人类的未来。

与中国一样，挪威拥有悠久的历史，尤其是有着世界上第二古老的、今天仍在适用的成文宪法——1814 年挪威宪法。三年前，挪威人民刚刚庆祝了宪法200周年纪念日。1954年,挪威王国正式与中华人民共和国建交。正是在那一年,中华人民共和国制定了第一部宪法,为中国人民的幸福生活创立了新的宪法秩序。

我自1987年开始在中国人民大学法学院从事宪法学教学与研究,今年正好30年。回顾30年前,中国刚刚开始改革开放的进程;1982年宪法的颁布,为期待法治、人权、自由与尊严的中国人民带来了希望。当时我还是法学院的学生,毕业时,我选择了宪法学者的职业。我很自豪成为一名宪法学者,也始终对中国法治的未来抱有信心和期待。我深知对人的尊严和价值的追求是宪法学的精神动力,我希望在宪法治理下人们都能获得安全、自由与幸福。

各位嘉宾,我们生活在全球化的时代,人类面临着各种挑战,社会不平等、环境污染、气候变化、食品安全、核武器、恐怖主义、难民危机、少数群体权利保护、网络安全等各种问题正考验着人类文明。世界上的事物都在变化,但永远都不会改变的,是人的尊严的崇高价值。《挪威宪法》第92条规定"国家机构有责任尊重和保障人权",中国《宪法》第33条第3款规定"国家尊重和保障人权"。宪法文本中这些近乎相同的规范告诉我们:无论相隔多远,无论彼此之间存在多少不同,法治、自由、平等与尊严都是我们共同的价值观。因此,我们需要相互了解,我们需要相互学习。我们将鼓励更多的学生到挪威大学来学习,也欢迎挪威大学的师生到中国访问交流。

最后,再次感谢卑尔根大学授予我这项崇高的荣誉,谢谢大家!

2017年5月5日

第四部分

法学教育采访录

培养具有国际性和人文情怀的法学人才[*]

"国际性法学人才"的培养定位

黄达人(以下简称黄):韩院长,你好,昨天在南大访问了陈骏校长,今天就到你这里来了。其实,我很想访问的是正在进行教学改革的传统学院的院长。人大法学院在国内当然是很有地位的,所以,我想听听你怎么说。首先,人大法学院培养人才的定位是什么,与其他学校有什么不同,在课程设计上,你们对应着做了哪些改变,想请你从这里开始。

韩大元(以下简称韩):谢谢黄老师。我是从1987年开始当老师的,对教学方面的事情有一些自己的思考,特别是在担任院长以

---

[*] 本文载黄达人等著:《大学的根本》,商务印书馆2015年版。此为2013年7月6日下午2时,在中国人民大学法学院明德楼206会议室,韩大元教授接受的采访。

后,人大法学院提出要培养"国际性法律人才"。关于"国际性法律人才",我认为应该包括两个方面:一是提升法学教学的国际性;二是培养国际性的人才。一般我们不会用法学教育"国际化"这个概念,准确来说是提升法学教学"国际性"。因为"国际化"容易把这个"化"误解为所有的法学院都要融入国际社会,实际上这是不太可能的。而用"国际性"这个词,则表示与国际接轨是中国法学教育改革的内容之一,有一定的选择性。

我们为什么要提出"国际性"这个命题呢

第一,经济全球化已经对法学教育产生了深刻的影响。通过WTO(世界贸易组织),国与国之间的贸易关系在增强,如果你不教外国法以及国际通用的法律基础知识,那你培养的学生就无法适应未来的市场;不仅是无法适应国际市场,甚至是国内市场也不可能。比如,根据WTO的规定,从2014年开始,我国开始分领域开放法律服务市场。而律师行业是最大的法律服务市场,到现在为止,我们仍采取保护主义原则:外国律师只能在中国设立办事处,不能办律师事务所。所以,他们不能与中国律师直接进行行业竞争,不能参与诉讼,只能参与一些非诉讼事务。但是2014年以后随着法律服务市场逐步开放,将会有大批的外国律师事务所涌入国内,和中国的律师事务所竞争。这就要看我们培养的学生是否有很好的国际法律教育背景,比如是否具有很好的外语能力,是不是有很好的比较法的视野,是否懂得外国法。外国公司找你当律师的前提是，你要懂得国际的法律规则，同时也懂得中国的法律，这样才能有效地维护当事人的利益。如果我们现在培养的学生没有熟练的外语，只懂得中国的法律，那么即使是中国的企业，也不会请你做律师。因为中国企业要想进入国际社会，就必须和外国企业竞争。在这个合作过程中，必然会发生各种法律纠纷，就需要一些国际性的法律人才。

第二，提出"国际性"的另一个原因就是维护中国的国家利益。在这里，我想讲一个法学院老教授的故事。在加入WTO以前进行了艰苦的谈判，中国政府派出了一个庞大的商务部和经贸部代表团。特别是跟美国谈判的时候，美国派出的法律顾问是一个32岁的哈佛大学的JD（法学博士）毕业生，而当时，偌大的中国，这么多的专家、毕业生中，却找不到一个熟悉美国法律、熟悉WTO规则而且外语好的专家。最后没有办法，只好请我们法学院从事知识产权研究的郭寿康教授，当时他已经是七十几岁高龄的老年人，长途跋涉坐飞机去谈判。谈判的时候，大家发现，郭老师精通几门外语，懂得很多国际法律规则，甚至哪个国际法律规则是怎么规定的、具体内涵是什么、如何变迁的，他都知道。但是美国的法律顾问才三十几岁，对一些规则的变迁并不清楚。要让一个70多岁的老人去面对一个30多岁的人，这对我们的民族自尊心伤害很大。郭老师回来以后，也在很多场合提到过这个问题。中国有五六百个法学院，每年毕业生有二十几万人，为什么就不能培养出同时精通外语、本国法律、国际法律的人才呢？我们整天在说爱国主义，但是爱国不是嘴上说出来的，真正的爱国要有实力，就要代表中国在国际舞台上维护中国的利益,掌握话语权,同时要参与制定公正的规则。

如果不通过国际性人才的教育,中国是很难在国际上有什么话语权的。我们专门统计出了一个数字:在联合国及其下属的各国法律部门的正式雇员当中,来自中国法学院的员工比例只有3%;而日本、韩国这么小的国家,相应的比例都分别占了6%和7%;美国占了23%。而在联合国任职中层(处级)以上的雇员,我们占的比例连2%都不到,这个2%还是包括台湾在内的,实在是太低了。那么,我们就想,联合国在制定一些法律规则的时候,会考虑中国的利益吗?在决策过程中,没有专家代表中国发出声音;而在谈判过程中,也缺乏像郭老师那样真正的专家。现在,在联合国重要的法律部门当中,比如海洋法院,它的院长原本是一个日本法学院的教授。中国和越南、菲律宾、日本在海洋方面都存在一些纠纷——当然,我们相信在联合国法院里,无论法官来自哪一个国家,都会维护法律的公平、公正——这只是一个理论假设,但如果海洋法院的院长是一个中国人,对于我们来说,他在维护公平、公正方面比来自日本的院长也许更加方便。中国这么大一个国家,真的应该为人类社会的和平发展做出点贡献。但是,这不光要靠理念,我们还必须要储备人才。

总的来说,我们提出的培养"国际性人才"这个概念,第一个含义就是让我们法学院的毕业生在国际社会上履行中国所追求的和平、正义的理念。第二个含义就是即使你不到区域性、国际性机构工作,我们处于一个国际化的时代,也应该有更加开阔的视野。就是说既要有爱国主义情怀,也要有人类情怀,这是我们人大法学院强调的理念。我既是中国社会的一员,也要用我的法律知识去为人类发展服务，为人类的进步而努力。

在此基础上，我们提出，要成为一个受人尊敬的法学院，就是积极履行社会责任，正确引导社会价值观，这比单纯看待某些指标上的排名更加重要。我觉得，目前中国学术过于功利化、指标化、技术化。比如说，我们经常把领导的批示作为很重要的科研评价。在法学院，从来不提倡功利的学术，也不必过分强调领导批示，因为我认为这不是学术的根本功能。我知道黄校长强调大学之根本，我觉得一个纯粹的学术也是大学的根本之一。而现在，我们过分强调理论联系实际，过分强调对策性的研究，过分强调领导人对于一个学术研究的关注或者批示。美国大学的研究报告做出来了以后，是由专业的研究机构来评价的。我认为人大法学院要发展，最为核心的就是，这个学术共同体里面的每一个人都要追求学术自由。

体现人文关怀的课程改革

黄：你把人大法学院的定位讲得很清楚。下面一个问题，对于这样的人才培养定位，作为院长，你做了哪些努力？

韩：第一，培养人文情怀。每一个法律工作者都有维护社会正义的责任。我认为，人文情怀、人类爱心的培养是维护法律正义最重要的一个体现，而不仅靠法律条文。按照这样一个思路，人大法学院做出了一些课程体系改革。我们的改革不是狭义上的增加一些外国法、比较法，而是在整个课程体系中增加了一些提高人文素养的课，我们称之为"法律、人文和生命"相关的课。其中，我们专门有一门必修课是叫"法与生命",讲课的老师除了我们法学院的老师之外,还有一些医生,也有一些其他专业的,比如哲学家、从事宗教研究的老师等共同来讲。这系列的课程,目的就是要告诉同学们人的生命为什么是最宝贵的,我们如何对待死亡,让同学们对"生与死"有更深刻的理解。因为法学院的学生是未来从事法律职业、维护法律的,他们未来从事的工作关系到人的生命。怎么保证执法的时候,不出现冤假错案呢?如何坚守法律正义的底线呢?通过这些课程,我们告诉学生,每个人的生命都是神圣的。

我们和北京肿瘤医院签订了合作交流协议。每个星期,我们的学生会去宁养医院两次,陪伴那些即将离开人世的病人以及病人的家属。本科生都必须参加这种活动。两个星期后,我们会请肿瘤医院的医生到法学院来,跟我们的教授一起,来给学生讲解对生命、人、价值的理解。所以,我们就有这样一系列以法律和生命为核心理念的课程。这个课程体系能让学生的灵魂深处感受到,法律跟神学、医学一样,都是为了人的价值而存在。

第二,体现多元文化。我是研究宪法的,从专业知识来说,我们是相对保守的。有了宪法,我们就要维护它的权威。一切事物都在变化,但是宪法不能轻易改变,哪怕是宪法上包含了一些不适应社会的规定;但是,只要它没有被修改,我们就要维护它。如果没有这么一个相对保守的知识体系来维护,就很难维护社会稳定。所以,在法律教育方面,我会先看原有的制度是怎样的,然后思考怎么才能让它发挥作用。比如说,怎么样才能让我们的学生既懂得中国法律,又懂得外国法律、比较法律?我们课程体系中的第二个模块就是外国法和比较法。这个模块里面有些课是必修的,有些是选修的。过去,这个领域是我们的教授在讲,例如英国法、美国法、德国法,这种做法有它的合理性。但是,我们也发现,法律不只是写在书本上、法条上的,它的背后有深厚的文化背景和习惯。我们的老师即使从国外去留学回来,但毕竟不是本国人,他们在理解特定国家的法律上是有局限性的。如何才能让这些外国法和比较法更加立体、形象呢?现在,我们法学院的做法是邀请外国的老师来讲授他们国家的法律。比如,我们找印度的教授来讲授印度的法律,让美国的教授来讲美国的法律,英国牛津大学的教授主要讲英国法。日本的法律比较复杂,法与文化的相互影响是比较大的,我们就请日本的教授来讲日本法,他是怎么看待法律的。在形式上,我们不是采取一两次讲座的形式,而是聘请他们3年,来比较系统地讲授他们国家的法律,而且要给学生讲授国家法律背后的文化因素是什么。也就是说,不仅仅是讲授法律条文,还有它产生的文化背景。即使这些教授所讲的法律和我们教育的一些理念不同或者比较敏感,我们认为他们在讲本国的法律的时候,无论敏感与否,都不应该限制。我们让他们自由地谈,只要是他们本国的法律,怎么讲都是可以的。这样做了两三年以后,我们发现法学院的学生对外国法的理解比较全面,到国外参加比赛,拿到的名次也是比较好的。因为学生们参加的是国际模拟法庭比赛,学生在专业方面的知识比较完备。法官问的问题,他们能够理解,他们知道为什么案子是这样判的。就是说,他们不仅理解法律条文,还理解条文背后的文化。

此外,我们请外国教授来讲课,就是想要形成一种多元的文化氛围。现在,跟我们有3年合约的教授大概有七八位,他们是正式聘任的并专职的教师。此外,我们也有为期两三个月的短期教授,一般每个学期都有十几位不同的外国教授。我们希望在法学院的共同体里面,不要区分哪个国家的法律发达,而是只要是外国的法制,在文化上都是平等的,可以跟中国的教授和学生相互交流、沟通,形成一个多元的文化。

在人大法学院里,学生可以感受到世界法律的变化和文化的多样性,理解文化乃是相对的,每一个国家的文化都有值得骄傲的地方。最近,我们请了一个非洲的教授过来讲非洲的法律,这是专业选修课。过去,我们一直都没有专门讲授非洲法的教授。过去我们出国主要是去美国或者法国、德国居多。其实,现在"国际化"在某种程度上成为了"西化","西化"进而又成为了"美国化",什么事情的变化都要看美国。我个人觉得,在人大法学院里,形成一个文化平等交流的氛围是很重要的。非洲有50多个国家,在未来和中国的利益关系也是最大的。我们现在怎么样让我们自己的学生也懂得非洲的法律呢?他们以后在从事非洲和中国法律事务时候,也要懂得怎么去建立良好的沟通机制。所以我率团去南非开普敦大学,举行了中华人民共和国成立以来的第一次中非院长论坛。尽管国家之间的发展不平衡,但是他们有强烈的文化追求,他们也有自己自豪的法律文化。我们不能说非洲法律教育落后,没有什么可以借鉴的。如果这样认为的话,也是我们中国自己定位不准确,容易把国际化强调为"西化"和"美国化"。

在我们的高等教育里面,包括文科和理科都有这个问题,就是一方面骂美国,一方面又愿意接受美国的文化殖民统治。在大学里面,怎么维护我们的主体性呢?我们就跟开普敦大学的法学院院长讲,希望你们能派一个教授来我们这里开设一个非洲法概论。引入非洲法的教学以后,会对我们学生传统的知识体系有很大冲击。因为我们学生现在懂得的外国法只是那几个国家的,而世界那么大,你却不知道非洲是怎么样的。现在,你知道了之后,就可以强化你的责任感,为人类的和平服务。通过多样化来提升我们的国际性,包括相互的文化认同。

黄:你讲得很好。我当校长的时候,和法学院的老师开玩笑说:"我最怕的就是去法学院。我哪里说得过你们啊!你们的职业有一个特点,就是坚信你们永远都是对的。要是没有这个精神,你们做辩护的时候就没有一种胆魄了。"你刚才所讲的对于法学院国际性的认识,我从来没有听到这样的看法。不是说我们的培养要跟美国怎么样,而是说要建立一个多元的文化。还有就是,法学本身的公正与否是跟我们对待生命的尊重有关的。

下面,我想问,除了新增课程之外,对于传统课程是怎么样的?

韩:我想说的第三点就是我们现在关注的重点是本科生的课程体系。在这方面,我们参考了哈佛的经验,就是说我们所说的不是传统的素质教育,而是以人文为核心的课程文化,包括我们刚刚所说的那两个模块,现在有七八门课,每个人都要选。还有一些是新生的研讨课,与其他的研讨课不一样。人大法学院是全校唯一一个实行本科生导师制的学院,本科生一入学就有导师了。我们在和牛津大学合作,它的本科教育做得相当好,我们也借鉴他们的经验。

我们过去都是只有学年论文导师和毕业论文导师,但是在法学院,所有的老师都要带一个本科生。每个人的导师安排,是由学生抽签决定的。每个老师一个月至少要和本科生有两到三次的交流。一般是一个老师带一个本科生,有些副教授带两名本科生。我们一共有110多个老师,每年的本科生是150多个,平均下来就是每人带1.5个左右。这就是我们的研讨课和本科生导师制度结合起来的措施。

黄:这个很厉害。

韩:在课程体系里面,我们过去的专业必修课大概有16门,但这是教育部指导委员会统一规定的,我们没有选择权。我们就在50多门课里面选择了16门课,但它是有逻辑的,如果你缺少某一门课的话,你的法律知识就是不完整的,这个门数是没有商量的。但是这16门课的内容怎么讲,就由法学院自己决定了。要想讲好,就要更新知识,要根据科学技术的发展、国际法治的发展和中国市场经济的发展,来不断更新我们的教学内容。

此外,人大法学院是全国率先进行案例教学的法学院,但是我们的案例教学不是简单地复制美国的案例教学,美国主要进行案例教学,因为它是实行案例法的国家,法院是可以创造法律的,中国的法院不能,这是一个不同。我们是大陆法系国家,还是讲究概念、原理,然后再配合案例,用案例来说明我们的一些理论。有些法学院全部引进了美国的法学案例教育,这是不符合中国的法律传统和法律发展的,中国的法学院应该认识到我们是一个大陆法、成文法的国家,可以合理借鉴美国的案例教育,但是不能照搬。

我们还设立了助教制度。如果在这门课程的学习过程中有问题,就通过助教的辅导课来完成,教授只负责讲理论和案例。每个班都分为几个学习小组,把课堂里的案例也作为小组的题目。每一次课,我们都会拿出30分钟的时间,让每个小组的同学就案例中的一些问题发表自己的看法。学生发表意见占10分钟,提问占10分钟,然后由老师点评五六分钟。在讲新内容以前,或者老师把案例提供给学生之后,他们能够从现实当中找到法律问题,然后在讨论过程中,因为他们掌握的知识还没有形成体系,所以观点会不一致,就可以带着这些问题来到课堂。上课前,我就先让他们分析一下,发表自己的意见,然后他们就知道有哪些理论是不连贯的、哪些观点是不清楚的,让它们充分暴露出来。之后,我们就针对他们讲的东西,再对原来学习的东西复习一遍,最后再讲新的东西。所以,我们的每一次课都是专业理论、案例、助教辅导与学生的学习小组结合起来,使得内容更加丰富。因此,这16门课的内容是有很大的发挥空间的。这是必修课的情况。

最后,我想回到我们的选修课。现在,我们都在说教学改革,我认为关键就是课程的个性化。在这方面,我们的选修课体现出来了。

我们大概有60多门选修课可供本科生选择。现在,有些课程即使只有两三个学生选,我们也不差钱,照开不误。过去,是要求选课人数16个学生以上才开设,那时也有经济上的考虑。现在,我说,别的方面可以省钱,但教学上不要省钱,就算是只有五六个学生选课,也要上。法学院的课程是这样的,但是现在学校还没有适应过来。有些课程,感兴趣的只有一两个同学,他们就可以直接到办公室去单独上课,老师的讲课费也是照给的。选修课就是要充分考虑学生的多样性,不要绝对以人数来决定,因为四五十个人的兴趣不可能都是相同的。

我们新增加的选修课,主要是考虑科学技术的发展、信息社会的发展给法学带来的新问题,比如说"法律和科技""法律和伦理";另外,我们还要开一些体育法的相关课程,现在体育法也很热门。现在,我们还开了一些其他法学院没有的关于人权系列的选修课,大概有五六门。我们和欧洲人权法院合作开设了"欧洲人权法和判例",这里面是有故事的。大概从5年前开始,欧洲人权法院想跟中国法学院合作,但是中国没有一个法学院敢跟它们合作。因为过去欧洲人权法院在人权方面发表了一些和中国政府不一致的言论。2009年他们院长给我写信,问能不能和我们的法学院合作,条件一是给我们学生机会,到欧洲人权法院去实习半年,每年可以去两三个同学;二是在我们法学院免费开设一些课程,来介绍欧洲人权法院的法官是如何判断人权问题的。我当时考虑:在人权问题上,中国有时是被动的,没有走出去,没有把中国人权问题的一些政策、进步告诉大家。国外对于中国的人权有一些误会,特别是欧洲人权法院。所以,如果能够改变国际社会对中国人权的一些看法,也有助于世界客观地认识中国的人权状况。很多欧洲人还没有来过中国,他们还是抱着几十年前的观念。于是,我就开始说服各个部门,跟他们说:这时候我们正好要走出去,这是符合国家核心利益,符合人权宣传要求的;如果有什么政治问题,我来承担。后来有关部门同意由我们法学院和他们签约。这四年来,我们每年派3个同学去实习半年,到那里之后,会作为法官助理参与一般庭前案例收集,然后还会跟其他国家来的优秀的法学院学生一起工作。现在,欧洲人权法院的法官们对中国人权的态度有变化,变得很友好。另外,我们也给本科生开设了"欧洲人权法和判例",那些法官就用英文讲案例,我们的学生受益良多,既能提高外语能力,也能了解欧洲是怎么看待人权问题的。现在,欧洲人权法院和中国政府的关系有所改进,相互的交流上没有什么障碍了。

黄:我们老是怕人家怎么指责我们,却不懂得去影响别人。

韩:所以,人大法学院把学生派出去,对中国的人权外交是有帮助的,特别是在改变欧洲人权法院对于中国人权的看法上。

另外,我们也跟哈佛大学建立了一些合作项目。其中,比较成功的一个项目就是"残疾人的教育"。哈佛大学法学院世界排名第一,它们最成功的地方就是人文教育、人权教育和对弱势群体权益保护的关注。当我们和它们合作的时候,它们也觉得我们人大法学院是一个很有社会责任的学院,具有人文关怀。所以,我们合作了七八年,把"残疾人的教育"作为合作的重要内容。其中一项就是我们课程中的"残疾人权益保护法"。关于"残疾人权益保护法",一般在宪法的基本权利中简单谈,不涉及具体内容。但是,我们这门课程是专门关于残疾人权益的,讲人类的哲学与价值。中国有七八千万的残障人,由于生理方面的缺陷,需要保护其平等的劳动权、教育权等。我们有时感受不到这将近一个亿的残障人的不便之处,我们开设这门课程,就是让学生思考,政府应该如何关怀他们,学法律的人应该怎么关怀他们?

2009年一个坐轮椅的学生被录取为人大法学院学生。学校那时还没有完备的残障人设施。她是坐轮椅的,而上课的地方没有电梯。按照当时的规定,她只能去北师大的一个特殊学院,但是她很想学法律。她是有权利接受教育的,她的成绩也很好。学校当时说,你们能不能帮助她在四年里完成学业?我们说,没有问题。然后,我们就在班里组成一个帮扶小组,每个星期由3个同学帮他把轮椅从一层抬到六七层。这个同学两年前已经毕业了,而且那年他们整个班被评为北京市的优秀集体。这个班的同学是有爱心的,就业也好,入党人数也是最多的,而且班级同学之间的人际关系也好。毕业以后,我们也把这个同学推荐到哈佛法学院去了。哈佛大学提供了历史上最高的奖学金给她,因为她的妈妈要去照顾,学校还为她改造了原来的学生公寓,让她能在那里自由地生活。所以,我们的残疾人教育不是在传统课堂上面讲的,而是通过实践来让学生能感受到的。我希望每一个法学院都可以接受一个残疾的孩子,那么全国有600个法学院,就有600个残疾学生可以上法学院。

下一步,我们希望聋哑人也能够到法学院来学习。这也有一个故事。去年,哈佛大学录取了一个残疾程度很严重的学生,既不能听也不能看。她想跟别人说话的时候,只能靠一个专门照顾她生活的人用电脑把她想说的话记录下来,然后传到另一台电脑上。2013年我就把她请到法学院来交流,分配了两个辅导员照顾她,一个负责生活上的,一个负责打电脑,很复杂的。我也让他们待了五天,找了一家律师事务所赞助了相关费用。她乘坐的飞机也是特殊的,费用特别高。我这样做,是希望让学生知道,世界上即使像残疾程度这样严重的人也能上哈佛大学,也能进最好的法学院。那么,中国为什么不能做到呢？为什么聋哑人不能到法学院来呢？为什么让他们到特殊学校去呢。在国外，比他们更严重的人都能正常上学啊！在中国，这方面的人文关怀和生命教育太落后了。所以，我们也不要只是批评而没有实际行动，那么就从我们法学院开始。

我们认为，人权的课不要只是一个概念性的，应该有一个实实在在的具体的制度来感受它。所以，这是我们对选修课的一个改变。当然，对于其他的"法律与伦理""法律与信息""法律与经济""法律与体育"等不同领域也都会有。法律和其他领域不一样，它是要解决社会"疾病"的。现在，社会所得的"病"不是像过去那样只是一个"胃病"，而是一个综合的"病"，所以，"大夫"必须要有综合的知识和综合的医疗水平才能治好社会的"病"。比如腐败，那不是简单的一种现象，它是由多种社会原因造成的。那么，怎么消除腐败呢？学法律的人必须要懂得伦理、经济等综合知识，才有可能做到。实际上，我们选修课上的知识不仅教会他们懂得法律，而是面向更广泛领域。在全国范围内，这样做还是很有典型意义的。

法学教育：职业教育还是素质教育

黄：我觉得在某种程度上，法学人才的培养是 professional 的。我想问，在这类人的培养上，你有什么感受？你对那些上课的老师有什么要求？他们又有什么体会？

韩：黄校长，您提的这个问题，是我们法学教育界一直在争论的问题，就是法学教育到底是职业教育，还是素质教育，还是说将两者结合起来？我个人看法的是,法学教育的确具有很强的职业教育性质,但需要与素质教育结合起来,不可能搞纯粹的职业教育。在中国法学教育中,我们要建立人文教育,把人文关怀、人文情怀结合起来。所以,我们首先强调的是,在整个教育中要有法律的伦理教育,另一个是法律人才的人格教育,有了这些,无论你是当法官、律师还是政治家,都有一个基本的道德基础。现在,我作为院长最害怕的就是,也许我的学生职业能力很强,但是没有伦理道德,未来职场上会不会滥用权力。为什么在法学界有一些职业能力很强的人,最后却造成了腐败呢？我们发现,是因为我们的法学教育没有很好地履行伦理教育和人格教育。我认为,职业教育的方针是对的,但是我们不能复制像美国那样的职业教育。美国的职业教育为什么能那么成功呢？因为他们把很多人文和伦理教育都放在了本科阶段。但是,我们的本科阶段完成不了这个任务,我们的小学、初中到高中又是应试教育,使得那个阶段应该接受的伦理教育和健全的爱国主义教育没有了。所以,我们只能在大学、研究生教育阶段补课。在纯粹的职业教育中,难以开展人文教育。当然,我也很赞同在人文教育的基础上,强调职业教育。

人大法学院怎么做呢？人大法学院可能是全国法学院中唯一保留律师事务所的法学院。当时,司法部规定要剥离,我们保留了,因为我们考虑到它是一个很重要的实习基地,中国将来肯定要强化实践教学的,我们很需要它。所以,当时通过沟通,就保留下来了。

黄：其实,把法律事务所从法学院剥离,就跟把建筑设计院从建筑学院剥离一样,是有点问题的。职业教育特征比较鲜明的专业必须要有一个实践基地。所以,我还是很佩服你们。

韩:我们这样做也不是为了盈利目的。虽然我们每年也有一些盈利,但是不像社会上的那样,主要还是为了学生的实习。这是我们当年的曾院长顶着很大的压力留下来的,很了不起。

我们法学院的老师一半以上有律师资格,是可以在法学院律师事务所做兼职律师的。所以,我们的学生二年级后就会跟着老师去熟悉法律事务。我们希望除了一些基础课的老师之外,其他的老师都应该具备实务经验。为了强化实践教学,我们也聘请当过法官、检察官、律师的专家到人大法学院任教。比如说,我们刑法基地的主任,是全职的,原来就做过最高检察院的大检察官。也有一位教授担任过最高检察院的厅长,现在也在法学院里做普通教授。此外,我们法学院里还有几位原来是在基层做过法官的,后来考博士就过来了。目前,我们法学院的老师,在成为教授之前,有过法官、检察官经历的比例大概是25%。这些老师讲课的时候,有很多鲜活的案例,能够把理论和实际结合起来,从而强化学生的实践能力。

另外一点,在职业教育方面我们也做了有益的探索。三年前,我们在法学院下面成立了律师学院——College of Lawyer,就是为了在未来的学生教育当中强化职业教育。一部分人已经想好要当律师,但是去到律师事务所实习的时候,人家不是很欢迎,因为它要教你怎么做律师。基于此,我们对本科三年级、硕士二年级以上的同学,在他们确定要当律师后,就会用一年的时间,让他们到律师学院去接受律师教育。在律师学院讲课的老师,都是全国最有名的律师,讲的都是一个个案例。我们把他们聘为客座教授。一方面,我们请这些律师讲课;另一方面,一个硕士有两个导师,这不是挂名的,分别是校内导师和校外导师。那么,校外的导师在学生还没有毕业之前,就确定要这个学生了。对于学生来说,就业问题已经提前解决了。律师事务所会给他们设立奖学金。在进律师事务所之前,就带他们实际办案。所以,他们到律师事务所以后,不用培训了。所以,很多律师事务所都愿意来人大法学院招人,就是因为我们能为它们省了一年的培训时间。在其他法学院,学生去当律师的比例不到10%;我们今年这个比例达到了26%,去年是27%。估计明年,可以达到35%。就像您说的,律师是法律职业中重要的人才,我们就是要强化职业能力,从事法律职业,光靠理论教学是不行的。

黄:我觉得,其实法学院可以作为人才培养多样化、个性化的一个典型。实际上,不是所有人大法学院毕业的人都应该去走学术的路,部分人就是应该做律师职业的。其实,无论是做律师还是学术,都关乎学生的个性化培养问题。

韩:我同意您的看法。所以,人大法学院过去的宣传册子是说"人大法学院是法学家的摇篮",后来,我们加上了一项就是"法律家的摇篮"。因为社会对法学家的需求实际上是有限的,而对法律家的需求是大量的。每年毕业的700多名学生中,真正做学问的也不到15%,大量的同学还是要从事法律职业,比如法官、检察官、律师或者公务员。所以,如何在保证人文教育的前提下,兼顾这一点呢?对于法学院的学生,能力可以不同,但是品质上不能出现问题。如果你是一名法官,那你是代表国家行使审判权。所以,我在法学院的很多课程上,都会提出如何去关注人格。我们引入了一个概念叫做"律师教育"。所谓"律师教育",就是毕业后无论是否当律师,在法学院必须要知道律师价值观。因为我做过一个实证分析,就是一些腐败的检察官、法官是毕业的法学院,怎么样可以避免它、减少它。我认为,律师行业里腐败的比例比较低;当过律师后再当法官、检察官或者公务员的,腐败的比率也相对比较少;而在国外,很少有律师腐败的案例。

我初步的分析是这样的,首先,律师职业是处在社会、国家和政府之间的权力,而不行使公权力;其次,律师是站在民众的立场上思考问题的,为被告人辩护;那么,在辩护人看来,是没有好人坏人之分的,只要你是犯罪嫌疑人,我就辩护。如果原本是判死刑的,想办法给你判无期徒刑;原本有罪的,我想办法给你变成无罪。这里面没有道德评价标准的,当然也不能违背法律标准。这样,他始终能感受到当事人的期待,即使这些人是罪大恶极的,但他们作为一个人,也要保护他的合法权益。所以,他们的职业里就自然融入了一个更强烈的人权意识。他们做了几年律师,变成法官、政治家掌握公权力以后,律师经历也能够在他们的内心世界里面建立一个比较稳固的人权意识。这就是为什么国外很多总统都是律师出身,腐败的比例还是少一点。所以我一直主张,未来选拔法官、检察官时,可以考虑从律师中选拔。

虽然我不是律师,但我对律师这个群体的感情还是很深的。在一个国家,当专门为犯罪嫌疑人辩护的这些人受到尊重,为坏人"说话"能成为一个职业荣誉的时候,这个国家法治是健全的。但是在中国,这方面仍有很大的发展空间,我们现在的刑事辩护律师是很少的,刑辩律师仍有顾忌。一个国家的人权保护应该从保护刑辩律师开始。当然,有些律师为了代理费而不接刑事案件,因为刑事案件的代理费较少,而民事案件的较多。

所以我希望实践性的职业教育不要停留在形式上,而是要从内在的品质开始,才能提升我们的职业教育。

黄:你刚才一共说了法学教育的三种观点:一种是职业化,另一种是素质化,还有一种就是两者结合起来。我认为,法律专业是一种职业教育特征非常鲜明的专业。我们还是把它说成是大学教育,而没有说成是简单的职业教育。因为比较起来,我们中国的大学跟美国的大学确实不一样。我们其实是把大学的人才培养教育和职业教育结合在一起的,所以不能照搬别人。

法学硕士与法律硕士人才培养的比较

黄:接下来的问题就是关于法学硕士和法律硕士的培养。因为它们一个是学术硕士,一个是专业硕士。对于这点,从学生的生源、教学方法,以及毕业后从事的工作,两者有什么不同?

韩:过去,我们主要是培养法学硕士,而不分法学硕士和法律硕士的。但是,1996年以后,由于市场经济的发展,需要一批法律人才,光靠法学院培养学术性人才的方式很难满足市场需求;所以,当时国务院就决定增加一个专业学位,叫做法律硕士。这个政策1995年开始论证,1996年正式实施。为了保证改革的稳妥,先从北大、清华、人大等七个法学院开始实施,现在已经扩大到100多个了。当时的理念就是在传统的法学教育体制下,要有一个培养专业法律人才的学位。我们参考的是美国的法学教育——JD教育。美国的JD教育是针对那些本科是非法律专业的,学期为三年。但是,当时学界也有三种观点:第一种就是照搬学习美国经验,本科可以取消掉,只要是法律专业教育就不要招本科。但是我们抵制了,因为中国的法学教育基础是本科,所以不能取消。第二种是取消法学硕士,只保留法律硕士。我们也没有同意,因为对于法学硕士的培养,我们已经有很成熟的经验。法学硕士也能培养出很好的法律人才,同时也能满足学术人才的需要。所以,我们做出适当平衡,在保留原来制度的基础上,增加了一个新的类型。也就是原来的形式和新的形式并存,二者在实践中互补。

我们当时还做出一个决定,就是本科的人数要减少。以前,我们的本科阶段都是招两三百人,后来就缩减到现在的160人。基本原则就是缩小本科的人数,但是不要取消。从理念上看,这个决策是适应中国市场经济发展要求。现在,总的评价来说,专业学位的设定是中国法律教育适应中国市场经济的一个比较好的选择,效果也是比较好的。法律硕士现在已经运行了10多年,我们通过专业学位也培养出了市场所真正需要的专业性人才,他们本科4年的知识,再加上3年的法律知识后,已经成为一个复合型人才,可以适应中国社会转型的法律人才需求。

原来,如果要报考法律硕士的话,必须本科是非法律专业,也就是是"4+3"模式,四年本科加三年硕士的模式,达到了复合型人才的需求,可以解决一些综合性的法律事务。比如说,一个学过会计或者经济的本科毕业生,经过三年的法律学习之后,就能处理经济方面的法律事务;如果是搞理科的,学习了知识产权以后,就能在专利、IT行业里比较专业。后来我们发现,信息化条件下,有些法律事务是非常综合的,法律技术的难度大。后来,我们就又增加了一个"4+2"模式。就是本科学习四年法律后,再报考法律硕士,总共六年,称为"法本法硕"。实际上,在法学院的本科生毕业生里面,如果想做学术,那么就报考法学硕士;如果要选择法律职业,那么就报考法本法硕。这是针对应届生的,只能在应届的时候报考。所以,我们现在就是把专业学位跟中国的需要和尖端法律人才需要结合起来,在原来"4+3"的基础上,增加了"4+2"。我个人是非常看重这个"4+2"模式的,因为学生在系统地接受了本科四年的法律教育之后,再加上这样一种专业化、职业化的教育。在"4+2"这种模式下,课程学习只有一年时间,剩下的时间基本是在国内或者国外的律师事务所实习。如果培养顺利,有可能成为一个专业性和国际性的人才,能在国际舞台上,或者在国内尖端的法律事务上,成为一个专业人才。我对它的期待很高。未来的话,法学硕士基本上就是硕博连读,就是说你选择读法学硕士基本上就是要读博士的。现在,我们每年都在减少法学硕士的人数,因为有学术兴趣的人还是有限的。这样,本科毕业以后,做学问的,就选法学硕士;做职业律师的,就去读法本法硕去。非法律专业的同学就通过"4+3"的培养模式来完成。这样,专业型、复合型和学术型的人才培养就分开了。

黄:现在"法本法硕"这个模式的发展如何?

韩:像清华、北大他们不招法本法硕。人大的法本法硕也是少量的,30~50人,不算多。但是,我认为这个模式是有意义的。日本在这几年的法学教育中基本照搬美国的经验,取消了本科,但是还不到五年,日本就宣布它的法学教育改革失败了。因为这个改革不符合日本的情况。学了三年之后,学生只能报考司法考试,通过以后可以当律师。但是,第一,你不能保证所有人都通过考试,每年有那么多人想当律师,但是日本的市场就那么大,所以律师就过剩了。第二,为司法考试而学习三年,是不会考虑人文、伦理等方面的,也不会考虑外国法、比较法等,因为这些都不是考试科目。日本的有些学者认为法学教育失败了,他们就很羡慕中国能够坚持下来,能够把美国的体系和中国传统结合起来。现在,韩国也是,如设立法科大学本科,只招收法律硕士,然后参加统一的司法考试,它们的功利色彩太浓了,就是为了通过司法考试当律师。但是法律服务市场有限,所以他们也想回到原来的那种体系中。相对来说,我们的法学教育发展还是比较稳妥的,原有的制度和新的制度共存,而不是因为新制度的引进就将原来的制度废除。其实,我们的这个改革就算失败了,也不会给整个法律服务市场、法学教育带来大的影响和震动,整体来说还是比较平稳的。

全国不同类型法学院的定位

黄:因为全国的法学院有很多,最后想请你谈谈其他法学院的情况。

韩:在全国范围内,法律硕士培养还存在一些问题。第一,现在招收法律硕士的学校有100多家,招收的人数也越来越多。第二,法硕教育跟法学教育确实不一样,但是,我们的培养方案并没有按照职业教育要求建立起来,有些学校争取到法律硕士的名额后,与法学硕士放在一起,不伦不类,既不是法学硕士教育也不是法律硕士教育。有些地方因为师资力量的问题,没有办法进行专业的教育,培养出来的学生原本应该专业性很强,但是实际上却既不是学术的,也不是职业教育的,这个现象还是大量存在的。

黄:的确,说到全国的法学教育,不可能所有的大学都能走人大的这条道路。那么,对于这些不同学院怎么培养法学人才,你个人有什么想法吗?就是不同学校的法学院应该有一些怎么样的特色?

韩:我基本的看法是:一个国家的法学教育,首先要有一个国家统一的规格。所以,我们有法学教育指导委员会确定的16门核心课,核心课这个东西不能变,其他的你想怎么讲可以自己发挥。在统一规格的基础上,应该追求多样化的发展,这是未来中国法学教育发展中要坚持的原则。因为每个学校的传统是不一样的,每个大学的定位不同,功能也不一样。

我大体上把中国法学院的类型分成这样三种类型:第一类是北京、清华、人大这样综合性大学的法学院,中国目前大概有400多所综合性大学,特别是国家"985""211"的这些高校,包括中山大学在内,它们的功能是既要培养国内的法律人才,也要承担培养国际性法律人才的任务。

在综合性大学法学院里面,还可以再分成两种类型:地方院校和教育部所属的院校。同样是教育部所属的,同样在北京的,清华、北大、人大培养的,和北京师范大学、外国语大学培养的,也不一样。真正承担国际性法律人才培养的院校,在中国也就只有30多所。就是说它们有能力培养,不能说每个学校都朝着国际化的目标。能够培养出一批合格的从事国内法律职业的人,也是很大的贡献。当然,有些地方院校除了考虑为国家培养人才之外,也会考虑为地方经济社会发展培养法律人才。

第二类是政法院校,像中国政法大学、西南政法大学等,中国大概有60多所。北大、清华、人大法学院,一年只招150个本科生,你们每年招收2000名到3000名的本科,生源就不一样了。所以,培养国际化的人才方面应该提倡多样化途径,不应该都是国际性人才的培养。所以,国际化不一定适合政法类的院校。

第三类是财经类、师范类、理工类、农业类的大学办的法学院,这个就算是一种特色化发展。比如化工类的法学院就是培养怎么处理化工方面法律事务的,财经类的法学院就是培养怎么处理财政、经济、金融方面事务的人才。所以,理工类的法学院不一定培养什么国际类的法律人才了,培养本行业里面的人才就够了。

黄:那么,这种不同的定位是关于学校培养人才的类型和城市的定位。在您看来,那16门课程是不能变吗?对于所有的法律教育的院校,都是这样的?

韩:这个也是七八年以前,教育部法学教育指导委员会统一定的。但是,这个规定也面临着一些挑战:第一个是核心课是不是概括了中国法学院学生必须掌握的法学知识体系?第二个是现在随着科技和社会的发展,出现了很多交叉学科、新知识,必修课的内容是不是要增加？增加的同时，那些核心课里面不再适合时代发展的内容，是否调整？还有一个是大学自治的问题，我办法学院，为什么一定要按照指导委员会的思路来？比如财经类的法学院，这16门课中，只讲关于财经的法律，行不行？因为我们的学生主要是从事财经相关的工作，那些法制史、思想史等课程，为什么还要上呢？特别是这些理工类、财经类的学校，他们经常提到这个问题，他们说我们和北大、清华的法学院不一样，能不能减少这个课程。指导委员会到底有什么功能呢？我想，随着高教法的修改，大学自治程度的提高，指导委员会的功能也会调整，只能提供一些指导性的意见。但就目前的法学教育来说，这种规范还是需要的。因为目前的状况有点乱，什么学校都可以办法学教育，法学教育的质量是不令人乐观的，缺乏规范，如果指导委员会再放开，那么我们就连基本的规范都保证不了。所以，我还是坚持，指导委员会的16门核心课是法学教育的基本要求，需要保持一定的规格。再过5年、10年，各个大学能够自律了，法学教育市场成熟了，可以适当地调整，并可以根据学校的情况，给大学更多的选择权。指导委员会只会对教学质量进行评估，不会对课程数量做出具体限制。

教学育人　师者本分[*]

——记第二届国家级教学名师奖获得者中国人民大学教授韩大元

见到"2006年国家级教学名师奖"获得者韩大元教授之前,浮现在我脑海中的始终是一位表情刻板、不苟言笑、带着洞悉世事的凌厉目光的法学家形象。但真正坐在我面前的韩大元,却分明是一派儒雅的学者风范,谦虚、稳重、和善,自始至终都带着睿智的笑容。

做好教学工作是教师的基本责任

虽然身为法学院常务副院长,同时又身兼中国法学会理事及中国宪法学研究会常务副会长等社会职务,但韩大元教授多年来始终

---

[*] 本文载教育部高等教育司、《中国高等教育》编辑部组稿:《名师颂(第二卷)》,教育科学出版社2007年版。

坚持给本科生授课,他说,无论社会活动多忙、科研任务有多重,给本科生上课是一位大学教师的基本责任;如果教学与科研发生冲突,就应该把教学放到第一位。

相较于研究生,韩大元认为本科生需要的是系统的专业知识的积累,因此本科教学就显得更加困难、更加重要,需要教师投入的时间精力也就更多。本科法学教育对建设社会主义法治国家而言意义重大,甚至可以说是这一过程中的核心内容之一。"这些法律系的学生都是未来的法律工作者,如果他们在本科阶段没有得到良好的、系统的法治理念和专业知识的培养,不但会影响到他们今后的学习和工作,我们这些教育者也负有不可推卸的社会责任!"

他特别强调教授给本科生上课的重要性。因为教授在多年的教学科研过程中积累了丰富的教学经验,有条件传授给学生更加系统、准确的知识,从而更有利于这些刚刚进入大学校门的学生形成良好的知识体系基础,有利于他们将来从事法律相关工作,这一点是至关重要的。因此,不论科研工作如何繁忙,只要教研室统一安排,韩大元都坚持每个学期都给本科生上课。

当问到将大量时间和精力放在本科教学上是否会造成某种负担时,韩大元微笑着说,"困难是有一些的,比如时间的分配上就常常会出现一些矛盾的情况。但是还是那句话,教学工作应该置于首位,这也是我一直以来的一个为师准则。总的来说,从事本科教学还是使我受益匪浅啊!"他进一步解释道,本科生是大学生中思维最为活跃的群体,他们很关注社会生活中存在的现实问题,而其中有些问题甚至是我们这些为人师者所想不到的新问题。通过给本科生上课,可以平等地与他们交流,获得新的思路或研究问题的角度,或者通过教学不断地检测自己的学术观点。因此,给本科生上课,不但有助于教师对自己的学术创意、学术观点等专业问题进行进一步的深刻反思,也有助于为今后的教材修订工作积累有益经验和素材。

在授课的同时,韩大元还承担了多项教育部的重要教学研究课题,一方面,本科教学过程是对这些课题的实践检验,另一方面,同学们也可以从中了解到法学教育与法学研究发展的新动向,使双方都受益,正如韩大元所言,"学术的发展动力来源于学生"。

着眼于学生未来的发展

对于本科教学工作,韩大元坚持知识传授与能力培养必须并重,而侧重点则要放在培养学生的专业思维能力方面。他说,教学工作不能天马行空,法律专业的教学一定要强调知识的更新,要随时应对新的变化。作为一名教师,应该认真对待教学活动,在遵循学术规律的基础上,借助高速发展的科技手段,不断开拓全新的教学方法。

如何对学生进行专业素质教育呢?他采取了启发式教育法,重视案例教学,从现象而不是从概念出发,通过实例切入理论,用问题引导学生逐步深入思考。比如在宪法教学方面,过去的本科教学过程中很少引用案例进行分析,而现在则更加注重改进和革新。韩大元将生活中发生的许多问题拿到课堂上,进行"案例教学"。他先后主编了《中国宪法事例研究》《外国宪法判例》等教材,为学生通过案例了解社会生活,提高分析问题的能力提供丰富的素材。他指出,过去的法律教育一直偏向使用外国案例,而现在我们增大了中国案例的比重,更多地引入国内社会生活的典型案例,使学生从一年级起就面向中国实践思考问题,更好地将所学运用到解决中国的法律实际问题上。如最近在课堂上,他介绍了某市准备针对农民工出台"超生家庭只能两个孩子上学"政策,以缓解政府财政负担的例子。为了让学生分析其中存在的宪法问题,他指定一位同学扮演市长、一位同学扮演农民工、一位同学扮演子女,从不同的角度阐述对该政策合法性、合宪性的认识。通过辩论,同学们学会思考宪法问题,发挥了同学们参与教学的积极性。

因为法学是实践性极强的一门学科,所以韩大元非常重视对学生实际应用能力的培养,他所教授的班级在课堂和课外实践方面也表现得尤为突出。在他的鼓励下,学生针对社会热点问题组织"模拟法庭",不定期地就大家都感兴趣的案例"开庭"进行法庭辩论,演习、检验课堂知识。通过各种法律角色的扮演,更加深刻地理解专业知识,很好地检验了学生的知识掌握程度和处理实际问题的能力,同时养成法律人的专业思维。

不仅如此,韩大元还指导学生做过一些课题调研,让学生把所学知识充分运用到社会实践之中。调查项目的选择都是经过充分的课堂讨论和交流最终确定的,如2005级学生开展了"外来务工人员子女受教育问题调查""AIDS孤儿受教育问题调查",让学生在调查中接触到生存在社会最底层的人,体会到社会上真实存在的不公平;2004级学生开展了"法院判决执行难问题调查",熟悉了司法程序的同时,努力寻找"执行难"的瓶颈所在。通过这些实践活动,学生们亲自外出采访、调查,不但提高了他们的专业素质,同时也培养了他们对于弱势群体的关注和关怀,有助于学生们将来人格的发展。实践活动也为韩大元所从事的课题研究提供了很好的素材,他作为子课题负责人参与的两个教学改革项目——"重点大学法学院人才培养模式"(2002年)和"中国法学教育改革与发展"(2005年)——都获得了"国家级教学成果一等奖",他说,本科教学的经验是学术科研的重要平台,成绩的取得与学生们通过实践活动提供的学术信息是分不开的,因此他对学生心存感激。

韩大元十分重视与学生的交流互动。在他的课上,前20分钟都由同学们针对某一问题展开讨论,所有学生都能自由发表意见。"在整个教学过程中,学生不再是客体,而是成为了与教师平等主体。"对于有争议的问题,他会让学生们充分展现思维空间,畅所欲言,而不会用条框来约束他们的思维。即使他们与自己的观点相悖,他也从不随便批评学生,而是在总结发言中首先肯定这些观点提供了看问题的新角度,再循循善诱地引导学生向正确观点思考。而课下,他也经常通过电子邮件与学生们保持联系,交流思想。有位二年级的女生,善于思考问题,对社会生活中存在的理想与现实冲突问题感到恐惑,对中国未来法治发展缺乏信心与期待。韩大元通过个别交谈和邮件往来中的平等交流,逐渐使她转变了偏激的看法,帮助她建立起理性而宽容的法律人思维,现在她已经能够从综合的角度看问题了。像这样通过课下交流得到韩老师帮助的学生,还有很多很多。

在本科教学工作中发现法学人才,培养其成长、成才,是最令韩大元兴奋和欣慰的事情。从事法学教育教学工作多年,韩大元带出了一批又一批出色的学生,从这些学生身上,他更加清楚地看到了本科教育对一个学生今后发展所能产生的重要影响。其中最让他印象深刻的,就是今年博士后毕业后留在宪法教研室工作的张翔,一位年轻有为的青年学者。谈起这位得意门生,韩大元的脸上便抑制不住自豪与骄傲。十年前还是本科生的张翔就显示出了对宪法解释、外国宪法多样性的浓厚兴趣,经常与韩大元进行思想交流。他曾经提出"中国宪法的规定与实际发生冲突时,应该更多地采用宪法解释的方法,宪法是不该轻易变动的",并对基本权利等问题的研究感兴趣。虽然有些学术观点与韩大元的观点并不一致,但他仍然一如既往地鼓励张翔对这一理论进行更深入的研究和学习。本科毕业后,他考上了韩大元的硕士研究生,毕业后以优异的成绩考取北京大学法学院宪法专业博士生。2004年获得博士学位后,又回到人大法学院,在韩大元指导下从事博士后研究,取得了突出的科研成果,获得学术界的好评。

塑造健全人格是本科教学的重中之重

对于本科生的教育,韩大元认为,最根本同时也是最重要的方面就是人格教育。人格教育是对学生未来生活基本观念的教育。同专业知识教育相比,人格教育的影响更为深远。在法学专业教育的过程中,首要的一点是要向学生传递一种理解人、关怀人的理念,这是教师对学生的重要责任所在,也是韩大元如此重视本科教育的重要原因所在。

针对近年来高校本科生自杀比例升高这一现象,韩大元便开展了关于"自杀是不是法律权利"问题的讲座。"生命权是宪法秩序与客观价值的一部分,个人虽有主观权利,但没有权利去改变它的客观性价值体系,因此自杀绝不是一个人的法律权利!"从生命权的尊重和关怀入手进行宪法教育是韩大元宪法教学的重要特点。韩大元指出,让本科生把对生命、对人权的尊重渗透到血液中去,是十分必要的,我们过去就是不够重视这一问题,因此导致了许多悲剧的发生。"去年北京市的一位律师在辩护时竟然说道,'我的当事人撞死的只是一名乞丐,因此我请求法庭从轻处置。'如果我们的本科教育培养出的是这样的学生,那么就证明了我们的教育是失败的!这是一种悲哀啊!"因此,在韩大元看来,对本科生进行良好的人格人性教育,是本科教学工作的重中之重。

采访即将结束时已近黄昏,韩大元教授望着满天绚烂的晚霞说道,获得"国家级教学名师奖"对我个人而言固然是巨大的荣誉,但我仍然要以平常心来对待今后的教学科研工作。这个荣誉除了是对自己过去教学工作成绩的肯定,但更多的还是对未来工作的鞭策。他说,在今后的教学中,要认真总结经验,向其他优秀教师学习,改进教学方法。他充满信心地说,"荣誉也是对未来教学的一种压力,但这个压力是有意义的!我要更加努力地工作,不能有愧于现在的荣誉!"

"淡出退出"见真章[*]

在学者与院长两种角色的矛盾中,韩大元力求取得一种平衡,但在白天的大多数时间里,他还是毫无选择地投入到院长这个角色,他提出"人文情怀,崇尚法治,追求真理,服务社会"的理念,主张行政与学术相分离,在人大法学院的历史上,他成为"第一个不担任学术委员会主席和学位评定委员会主任"的院长。

韩大元,1960年生,1980年考入吉林大学法律系,1984年考上中国人民大学法律系研究生,1987年毕业后留校任教。1990年到1992年赴日本留学,师从日本宪法学家阿部照哉教授。现任中国人民大学法学院教授、院长、博士生导师,并兼任中国法学会常务理事、中国法学会宪法学研究会会长、国务院学位委员会学科评议组成员等职。

---

[*] 2010年6月26日中国人民大学校报记者采访录:《韩大元院长:"淡出退出"见真章》。

2010年4月26日,人大法学院新任掌门人韩大元当选院长整一年。

一年前,当英俊帅气的韩大元从王利明院长手中接过掌门大印时,人大法学院已经连续两次在教育部组织的学科评估中蝉联第一。担任院长,对于韩大元来说,不仅仅是一个荣誉,光环后面更是沉甸甸的责任和重担。

上任后,韩大元没有以"改革派"的姿态出现,更多的是他"淡出和退出"的身影。

当了院长,韩大元主动提出不再由院长兼任学术委员会主任和学位评定委员会主席,而是由法学院的老资格教授刘春田和朱景文共同担任;韩大元主动倾听一些老师的意见,尽量解决他们的职称问题;说服有影响力的张志铭教授担任《法学家》杂志的主编⋯⋯

一年间,韩大元以平和、不伤和气为主线,以人的尊严为根本,让每一个教授都发挥其所能的"施院"方针让他在人大法学院越发深入人心。

随着一年之内人大法学院两个二级学院(知识产权学院和律师学院)的盛装揭牌,韩大元院长的宽容、低调、有远见,愈加映衬了他的内敛和功力。

情注未来的"轮椅教授"

韩大元当院长后,业内人士对他评价很高。既会"做院长",又会"做人",几乎是一致口径。

说他"会做人",是因为他更愿意为院里的老师和同学做事儿,更愿意为每个人提供机会。他自己在多个场合曾强调"严待法学院的每一项工作,尊重法学院的每一位老师,爱护法学院的每一名学生,法学院才会有更加美好的未来"。

人大法学院一位著名的刑诉法教授,在国内做课题、做项目首屈一指,去过很多国家,2009年还是第一次与新任院长韩大元以中国人民大学法学院代表团的身份共同出席了日本的一个刑事司法会议。

刚宣布成立的中国人民大学律师学院,据说开始时校方对徐建出任院长一职颇有微词,很多人持有异议,因为徐建本人只有本科学历,没有博导资格,没有在人民大学工作的经历。这些似乎看起来都是"硬伤",在多种意见争执不下的情况下,掌门人韩大元则力主由有经验的校友徐建律师担任更合适。

法学院2007级本科一班冯雅杉或许是这个集体里最特殊的一个成员。她不能自由地在操场上奔跑,不能惬意地在百家廊漫步,不能和大家一起登上八大处的山巅,她只能安静地坐在自己的轮椅上。她9岁时因车祸造成脊髓损伤,从此只能在轮椅上生活。但她自从成为一名法学院的学生以后,所有的同学都在生活的点滴中极尽所能地帮助她、关心她。推着轮椅送她上下学、为她买早点、帮她接热水,长年如一日,如此场景成为人大校园内一道亮丽的风景线。

这个特殊的女孩同样得到了韩大元院长的关爱。接受记者采访时,韩院长告诉记者,一年以来,他一直与哈佛大学法学院联系,院里精选了包括冯雅杉在内的三位同学,英语超过了博士生的水平,都是拔尖人才,准备把他们送到哈佛法学院硕博连读,目前已经基本达成意向。

"希望冯雅杉将来学成回国,回到母校,成为人大法学院第一个坐轮椅给大家上课的法学教授。"这是韩大元院长的一个心愿。

博士生拒招自己的弟子

早在当院长前,韩大元在学生中就有非常好的口碑,多少年来,他坚持博士生不招自己的学生,采取非常包容和开放的心态给外校的学生机会。

"五一"节前夕,当记者来到明德楼韩大元教授办公室时,他正在改写硕士生的论文,论文上被勾勾画画了很多地方。

十几平方米的办公室沿墙壁整齐排放着几个满满当当的大书柜,办公桌上放着一沓硕士论文,对面桌上和地上摆满了资料,一个小圆桌放在门口,方便来客。晚上六点多钟的夕阳余晖从窗户照进来,显得很温暖。

"已经让学生改了三遍了,每一篇论文都要这样改上很多次。"韩院长认真地告诉记者。

韩大元说:"人大法学院的老师都是坚持给本科生上课,法学院上个月刚做过一个调查,教授给本科生讲课比例90%,基本上每个教授都给本科生上课,这是我们法学院的传统。特别是第一个学期的课对学生的一生是很重要的,我特别希望有经验的教授给本科生上课,多给他们一点爱,他们会记得一辈子。"

在韩大元看来,法律人的称号并不是追名逐利、趋炎附势的工具,而是一种理性、宽容、自信、开放的实践理念,是一种始终以奉献社会为己任的人生责任,是一种为中国法治的实现不懈努力的承诺与使命。

韩院长在授课中经常告诉学生,"要关心人、爱护人、尊重人的生命和正当权利,以人为本,是法律人的核心价值追求。"

为了让学生们更懂得生命的价值与力量,加强宁养临终关怀活动的影响力,2009年10月30日,在院长的倡导下,法学院正式设立宁养活动爱心基金。

"到身患绝症的病人身边,陪病人聊天、读报、散步,体会人文情怀的真谛以及奉献意识的内涵,体会人文关怀力量的伟大和神奇,对学生的成长非常重要。"韩大元主张,人文关怀是法律人必须具备的职业素养。

"五四"宪法纪念馆的倡导者

1982年12月4日现行宪法正式颁布时,韩大元正在吉林大学法律系读大学二年级。

韩院长回忆说:"记得当时吉林大学宣传栏几乎贴满了宣传宪法的文本和图片。宪法学者张光博教授讲课非常生动,他谈到日本为什么经济发展?就是因为有一部《和平宪法》,别看仅仅是个小册子,宪法的力量是无穷的,因为它承载着人权、自由、平等、和平。宪法颁布之后,张光博教授一条一条地给我们讲解,点燃了我们学习宪法的激情。"

1984年,韩大元考上了中国人民大学法律系研究生,选择了宪法专业,1987年毕业后,他留校任教。韩大元院长说,这都与当时的"宪法劲风"有关,因为1982年是宪法特热的一年,宪法课自然也成为他最喜欢的课程。后来导师许崇德的学者风范也深深地影响着韩大元,到现在,韩大元已经当了23年宪法老师,可以说与宪法结下了不解之缘。

"宪法学的魅力就在于宪法的魅力。"20多年的宪法学教学与研究,让韩大元深深感到一个国家制宪史的重要性与它的学术魅力,去国外进行学术交流,每每看到他们的宪法纪念馆,他们对宪法发展史文献的整理和重视,也让韩大元心生羡慕,因而在各种场合,他多次通过不同的方式呼吁设立"五四"宪法纪念馆。

美国最高法院大法官露丝·拜德·金斯伯格说,"无论我走到哪里,无论什么时候,我都会随身携带一本宪法典",也让韩大元颇有感触。作为一个宪法学者,他积极倡议每个公民都携带宪法文本,他觉得宪法应走进寻常百姓的生活,每个公民都应该认识到宪法的庄严性,维护宪法的尊严。

2009年12月10日,第61个世界人权纪念日,他很激昂地说:"全世界只有人权这种共同语言,因为找不到第二个用360多种语言翻译的法律文件,建议每人都应随身携带《世界人权宣言》。"

如果说,1982年学习宪法还算是个时代的产物,那么,时至今日,宪法学对于韩大元来讲已经不仅仅是个情结,而是从外向内渗入到他的灵魂。

"工作母机"悄然展双翼

曾经留学日本、追求学术独立性的韩大元院长深知,做一个法学院的掌门人很难,因为法学思维的根本特征就是怀疑与批判。他说,他不想谈什么改革,他不是什么改革派,他只想让每一个人都受到尊重。

"当中国的法学院院长是必须需要付出的,必须尊重学者的学术自由,要尊重每一位学者,因为每个学者都有个性,教授或助教都有不一样的学术追求,要尊重他们的公共尊严。"韩大元接受记者采访时真诚地表达了这样的想法。他认为,院长不仅仅是一个学者,更是一个管理者,必须拿出一部分时间管理,履行院长这个职责。

在学者与院长两种角色的矛盾中,韩大元力求取得一种平衡,但在白天的大多数时间里,他还是毫无选择地投入到院长这个角色。他提出"人文情怀,崇尚法治,追求真理,服务社会"的理念,主张行政与学术相分离,在人大法学院的历史上,他成为"第一个不担任学术委员会主席和学位评定委员会主任"的院长。

2010年正值人大法学院建院60周年,韩大元院长告诉记者,60年的文化传承,60年的文化底蕴,60年的人文环境,60年人大法学院一批老教授积累下来的经验,给人大法学院发展留下了宝贵的财富。

目前他们正在抓紧整理书写院史,已经准备了半年多时间。60年的院庆只是一种形式,最重要的是,利用这个契机,梳理历史,理清流派,总结在过去的60年里,人大法律人为社会发展与进步做出了哪些贡献,为中国法学的发展做出了哪些学术贡献,学术传统是什么,如何传承历史,开创未来?

"无论怎样,学者要有一种自己的学术追求,要在学术上有所贡献。"韩大元院长很坚定地表达了自己的观点。

俗语说,"四十不惑,五十而知天命"。当人们讲"四十不惑"的时候,这个"惑"字有两个意思:一是他不会迷惑于事物的表面现象,他有能力去破解;二是他能拒绝诱惑。那么所谓的"知天命"指的是什么呢?在韩大元看来,"知天命"就是知道自己能做什么不能做什么,自己该做什么不该做什么。

作为一个院长,韩大元非常在乎他人的感受,在乎细节,因为细节可以让人性的光芒得以放大,让人有血有肉,可以感受、可以触摸,真实而动人;因为在乎校友,于是明德楼一层大厅便多了间为校友准备好咖啡和茶的休息室,温馨而亲切。

相比轰轰烈烈的改革派,他确实显得温和、低调,然而波澜不惊中,素有"工作母机"之称的人大法学院,已经在知识产权学院、律师学院两个二级学院培养复合型、实用型法律人才的目标下,悄然张开了"双翼"……

居安思危　锐意创新[*]
——法学院院长韩大元教授谈法学学科建设

法学学科是人大传统的优势学科,也是一个硕果累累、人才辈出的创新型学科。从 2004 年教育部第一次学科评审、2005 年拥有一级学科授予权、2006 年一级学科评估、2007 年重点学科评审到这次教育部学位中心公布的 2007～2009 年一级学科排名,人大法学院都是一路领先,名列首位。作为"新中国法学家的摇篮",法学院是怎样建设保持国内领先地位的法学学科的?它将如何跻身世界一流法学院行列?日前,记者采访了法学院院长韩大元教授。

记者:在教育部正式公布的全国一级学科评审排名中,人大法学院在全国法学学科中排名第一。您怎么看待这次评审结果?

韩大元:学科排名第一反映了法学院学科发展的整体实力,是

---

[*] 2009 年 6 月 26 日。中国人民大学校报记者采访录。

全院师生共同努力的结果。但任何形式的学科排名都是相对而言的。这次学科排名并没有包括一个学科的所有指标,我们取得第一名也不能说明我们所有的学科都处于全国一流水平,学科发展的不平衡性仍然存在。目前的指标体系是以科研能力、师资水平、研究生培养等指标为核心内容,没有包括本科生的情况以及就业率、司法考试通过率、社会评价度等。虽然在学科评审中我们多次名列首位,但我们也应清醒地认识到在学科发展中,优势是相对的,必须居安思危,不断创新。我们要以平常心来对待学科排名,将这次的成绩作为法学院发展的新起点,争取为国家培养更优秀的法学人才,为法治发展与社会进步做出贡献。

记者:在一些文章和讲话中,您提出要"形成人大法学的特色",您能说说这个特色具体体现在哪些方面吗?

韩大元:具体说来,人大法学的特色主要体现在如下四个方面:具有深厚的文化底蕴和学术传统;注重营建师生的共同体意识和集体归属感;学科齐全、体系完整、结构平衡;学院的教学、科研和管理富有创新意识。

一个法学院的发展首先要有深厚的文化底蕴。所谓校园文化、学院传统和历史积淀,这些东西似乎不像法学大楼这种"硬件"看得明显,但在营造学术氛围、培育优良学风、传承学术传统方面,它们就是法学院不断前进、科学发展的精神魂魄。目前全国有600多所法学院,各类大学纷纷设立法学院或学科。如一些理工科院校也投入大量的财力物力设立法学院。我认为,不同形式、不同类型的法学院应保持各自的特色,要寻求内涵式发展的途径,应提倡多元化。

人大法学院经过60年的发展,已经形成了令人自豪的深厚的文化底蕴、办学特色和学术传统。这60年的积累,给人大法学院未来的发展奠定了坚实的基础。从某种意义上说,人大法学院学院文化的"软环境"作用不可替代,也很难复制。

人大法学院全体师生具有共同体意识,"人大法律人"已成为我们共同的名字,是维系我们知识和思想的情感纽带。这个称号是一种理性、宽容、自信、开放的实践理念,是一种始终以奉献社会为己任的人生责任,是一种为中国法治的实现不懈努力的承诺与使命。全体师生的归属感和认同感是人大法学发展的动力。即使在条件非常艰苦的环境下,人大法律人抱着对法治理念的坚定信念,追求学术理想,保持了对人大法学院这个共同体的认同。我们的毕业生在社会上被广泛认可,他们在不同的工作岗位上,为母校争得了荣誉,始终保持着与母校的感情纽带。每个人大法律人对法学院的发展是有贡献的,我们要尊重每一位老师的创造性劳动,感谢每位师生对维护法学院荣誉所做的努力。

经过多年的努力,我们已经形成了门类齐全、体系完整、结构合理的法学一级学科体系,不仅覆盖了除军事法以外的全部法学二级学科,而且现有各二级学科点的科研实力、人才素质都能在全国名列前茅。面对一个完整的学科体系,我们要注重学科之间的协调发展,注意处理好重点学科与一般学科、传统优势学科与新兴学科、基础学科与应用学科的关系,使整个学科在良性发展的轨道上运行。

在激烈的竞争中,人大法学要保持优势地位,就必须要不断创新、要与时俱进。在学科建设上,法学院不仅虚心吸取国内兄弟院系开展法学教育、培育法学人才的良好经验,法学院更密切关注哈佛法学院等世界一流法学院的发展经验与动向,同时根据中国社会发展对法学教育提出的新要求,及时调整现有的学科体系,明确学科发展的目标,培养适应社会需求的法学人才,强化法学教育的现实服务功能。

记者:说到创新,除了在学术方面,学院在管理上有没有什么独特之处呢?

韩大元:我们的教学以学生为本,教学管理以教师为本,为教学科研提供良好的环境。近年来,我们在教学管理上进行了一些必要的改革,突出了学术的主体地位,提出学术与行政适当分离的理念,鼓励、支持教授直接参与法学院的管理工作,淡化管理工作的行政色彩。新一届的学术委员会、学位委员会我们聘请了朱景文、刘春田两位资深教授担任主任或主席。为了让更多的教授参与学院的各项工作,我们在过去成立的法硕工作委员会、学科发展委员会、财务监督委员会的基础上,新成立了博士生工作委员会、校友工作委员会、本科生工作委员会、外事工作委员会、科研工作小组等机构,提倡学术工作的非行政化,突出学者在法学院工作发挥的作用。

同时,我们也成立了财务监督委员会,定期汇报财务情况,并实行财务预算制度,同时在每学期末向学院全体教师汇报本学期的财务情况。通过制度创新,激发全院教师参与法学院工作的积极性,让每个人关心法学院的发展,增强教师共同体意识与归属感。

在国际交流方面,我们实行了项目主任制度。聘请10位教授,担任特定国家的项目主任,代表院长直接商谈交流项目,提高了国际合作与交流的实效性,大大提高工作效率,避免外事工作中的形式主义。由于项目主任对该国情况相对比较了解,也有效地避免了项目交流的盲目性。

记者:从这次评估也可以看出,法学院学术队伍的整体水平是非常高的。在打造师资队伍方面,学院都有哪些措施?比如说我们怎样吸收和培养高素质的青年教师?这几年引进了哪些重要的法学研究者?

韩大元:法学院拥有一支精干、敬业、高素质的师资队伍。学院汇集了一大批资深的法学家,其中有一批在国内外享有盛誉的老一辈法学家,也有一批在国内学术界具有学术影响力的中青年学者和学术骨干。

在人才引进方面,为了避免学术的近亲繁殖,学院十分注意引进其他高校、其他学术背景的法学人才。学院的人才引进工作程序也非常严格,根据学校的人事规定,学院制定了《中国人民大学法学院引进和调入人才工作实施细则》,严格人才引进工作流程,成立了人才遴选小组,所有引进的人才首先由人才遴选小组进行审查,符合条件的交由相关教研室讨论,经法学院学术委员会试讲和答辩后,最后确定人选,促进了学术背景的多样化。在我们已经引进的人才中,既有国内法学界知名的学术带头人,也有崭露头角的青年学术骨干,还有国外一流大学法学院毕业的法学博士,这些人才的引进对于增强学院师资队伍的整体实力发挥了重要作用。尤其是2005年以后,引进教授9人,副教授4名,讲师10人,戴玉忠、陈桂明、刘明祥、张志铭等9位学科带头人陆续加盟法学院,进一步巩固和扩大了法学院在国内的领先优势。

记者:法学院是我国法学研究的学术重镇,承担了许多重要的国家级研究项目,在法学类研究成果评选中也多次获得重要奖项。请您谈谈我们在学术研究方面的优势和特色。

韩大元:在法学院发展中我们始终坚持教学与科研并重原则。高水平的科研成果离不开浓郁的学术氛围、自由的学术环境和强大的硬件支持。法学院的学术氛围一直很浓厚。2002年以来,学院先后开设了"大法官讲坛""大检察官讲坛""名家法学讲坛"三大具有国际影响力的学术讲坛。2005年,学院搬入明德法学楼,教职工的办公环境得到了改善,学术活动更加频繁,学术氛围更加浓厚。这几年,学院平均每周举办三场讲座和一次研讨会,平均每月举办一次大型国际研讨会,研讨热点法律问题。

法学院良好的学术平台为开展学术研究提供了重要支撑。到目前为止,学院已经形成了综合的学术研究平台,其中包括2个教育部人文社会科学重点研究基地、"985"国家重点创新基地和约30个研究中心(所),人大法学院正在成为培养高级法律人才的摇篮、引领法学教育和促进法学繁荣的先锋、为立法和司法提供理论咨询的中心。

在最近四年中,学院老师先后出版学术专著215部,在SCI、CSSCI收录的刊物上发表论文500余篇。其间,获得国家级教学成果一等奖、二等奖各1项,教育部高校(人文)社科优秀成果奖一等奖、三等奖各1项,获得省级哲学(人文)社科优秀成果奖一等奖17项、二等奖12项、三等奖12项。其中数十部著作还获得了各类机构和组织颁发的奖励,如王利明教授的专著《物权法研究》(上、下卷)荣获中国法学会"中国法学优秀成果奖"专著类一等奖。

记者:从社会各界的反响来看,法学院的毕业生都是非常优秀的。学院培养了这么多高素质的法学人才,您能谈谈您在培养学生方面的心得和经验吗?

韩大元:对于一个法学院而言最重要的财富是教师,核心竞争力的标志是学生。一流的学生是法学院发展的基础与动力。对学生的培养和教育,最根本同时也是最重要的方面就是人格教育。人格教育是对学生未来生活基本观念的教育,包括对学生法律伦理、社会责任、道德情操的培养。从某种意义上讲,同专业知识教育相比,人格教育的影响更为深远。我们培养法律人才,首要任务是培养他们成为人格完善的法律人,培养他们成为维护社会公平、正义、廉洁的人。因为与一般官员的腐败不同,法官、检察官的腐败,直接败坏了法律的公信力,它会导致民众对社会公平、正义等价值观的动摇。人大校友、"人民满意的好法官"宋鱼水曾经说过,"中国老百姓如果不到万不得已,是不会走进法院大门的。许多当事人可能一辈子就进法院一次,如果就是这唯一一次与法律的接触,受到了不公正的对待,得到了一个想不明白的结果,他们心中就会留下深深的伤痕;而维护了一个当事人的合法利益,人们就会增加一份对法律的信仰、对社会的信心。"

我们也注重培养学生的人文关怀。我们成立了法律援助中心、残疾人权益保障与服务中心等机构,让学生关注社会现实,培养他们对弱势群体的保护意识,树立理解人、关怀人的理念。

除重视人格教育之外,学院还为学生提供尽可能完备的课程体系,让他们获得最好的教育。目前,法学院专门成立了法学实验实践教学中心,整合了从物证检验技术到法律诊所、立法研究中心等全方位、多层次的实践教学网络;法学院已经形成了齐全的课程体系,让学生能够自主地选择课程,满足学生的需求。在教学过程中,老师们注重改进教学方法,进行案例教学。学院先后有16位学生以案例教学中的实践方法为基础,撰写大量调研报告,在"挑战杯"全国大学生课外学术科技作品竞赛中获得特等奖、一等奖和二等奖等重大奖项。

法学教育的实践性是非常强的,需要不断强化职业训练,使学生掌握职业技能。在完善课程体系的同时,学院先后同一些法院、检察院、律师事务所等法律职业部门联合建立教学实践基地,为提高学生实践能力搭建良好的平台。

学生的国际化视野也是一流法学院的重要标志。近年来,学院先后开设了10余门双语教学课程,并且同美国哈佛大学、乔治敦大学、印第安纳州立大学、法国巴黎一大、日本一桥大学等30余所国(境)外著名法学院签署了学生交流协议,选拔了近百名优秀学生到国(境)外学习。这些大大提高了学生参与国际交流的能力和水平,也扩大了人大法学院的国际影响。

记者:讲到学科建设,大家都说是"逆水行舟,不进则退"。纪宝成校长也多次讲到要"居安思危,居危思危",您认为法学学科建设有哪些地方还需要调整和改进?

韩大元:虽然学院在过去的发展中取得了一系列成就,但在学科建设上也确实还存在着一些不足,我们必须正视问题,不断反思,积极拓展发展空间。

首先,虽然法学院学科布局完整,每个学科都有一批学术骨干,但一些学科的师资力量仍然比较薄弱,学科之间的发展不均衡。如何既要保持重点学科的领先地位,又要保持学科之间的协调发展是我们需要思考的重要课题。

其次,有些学科的人才梯队不够合理。现在学院100余名教师,其中有50余名教授、37名副教授、10余名讲师,师资结构中教授人数偏多,讲师人数太少。从年龄上看,40岁以下教师35人,41～49岁教师41人,50岁以上27人。我们还需要进一步充实中青年骨干队伍,既重视法学院青年学者的发展与学术成长,同时也要加大引进海内外优秀中青年学者的力度,尽快培养一批国内公认的、有较大学术影响的中青年学科带头人。

再次,在科研方面,虽然取得了一定成果,但科研项目的人均比例有待提高。现在学院的基本情况是:人均科研著作、论文数量不平衡,部分教师科研成果不多,申报项目的积极性不够高。同时,我们还需要进一步提高教师的整体论文质量,多出精品,提倡原创性研究,鼓励老师们在国内顶级核心刊物和国际知名学术刊物上发表文章,多出精品。

此外,人大法学的国际化水平也有待进一步提高,让学生切实享受国际交流带来的实际利益。虽然学院参与的国际项目比较多,但与哈佛、耶鲁等世界一流大学法学院的交流还不够,尤其是缺乏稳定的合作项目。以后,我们要多和国外院校联合开展学术科研工作,建立起完善的教师和研究人员互访机制,同时加大联合培养学生的力度。

提高博士生和硕士生学位论文水平是值得我们高度关注的问题。虽然多年来我院获得过多次全国优秀博士论文奖,但从目前整体上看,论文质量下滑也必须引起我们的重视,如何提高论文质量,完善培养机制是我们思考的重点问题之一。

最后,需要在法学院图书馆的现代化、信息化方面取得实际的进展。虽然法学院图书馆购置了大批珍贵图书,也拥有丰富的电子文献资源,但离学科发展的要求相比还有差距,需要进一步加强图书馆数字化、标准化建设,提高图书馆服务效率。

记者:作为法学院院长,您对法学院的未来有哪些规划?在5年以后、10年以后,甚至更长一段时间,法学院要建成一个什么样的学院?您准备怎样实现这些目标?

韩大元:作为法学院院长,我既感到压力,又感到责任和使命感。我们不仅要考虑法学院发展的现实,同时更要考虑法学院发展的未来。法学院发展的基本思路是:以学科建设为基础,以提高教学质量为重点,以高水平的科研成果为平台,以高级法律人才的培养为目标,推动法学院的国际化建设。

明年是人大法学院成立60周年,我们要以纪念60周年为契机,全面回顾法学院60年的发展历程,总结经验。特别是,要总结在过去的60年里,人大法律人为社会发展与进步做出了哪些贡献,为中国法学的发展做出了哪些学术贡献,我们的学术传统是什么,如何传承历史,开创未来?同时,我们也要反思在过去的发展中存在的问题与教训,合理地规划未来发展的目标。

在我的心目中的"一流法学院"是综合的概念,具有丰富的内涵。它既是一个目标,也是一个过程;既是一个量化的指标体系,同时也是一个具有丰富文化元素的概念。在我看来,要成为"一流法学院",首先要有值得人们尊重的文化传统,要有一批追求学术真理的学者、要有承担社会责任的伦理,要有一批优秀的法律人才。也就是说,"一流法学院"基本要素是:一流的教师队伍、一流的学生群体、一流的科研成果以及一流的图书馆。其实,在国际上公认的一流法学院也有不同的风格与特色,并不存在统一的标准。如全美法学院排名第一的耶鲁大学法学院,提倡"法律是改善社会的重要力量",并以此为准则培养人才,法律人不仅是为私人和公司提供专业知识的人,而同时也是政策制定者,是政治家、社会的改革者。在教学内容上,不单纯强调法律的专业知识的特点,还要强调学生了解政治、经济、历史等广泛的知识。哈佛大学法学院的学科中宪法、法律经济学分析、东亚法律研究以及诊所教育具有突出的特色。我们要建设"国际一流"法学院,需要借鉴世界一流法学院的经验,但不能照搬,要充分考虑我们的传统与法律体系的特点。我们要继承人大法学的优秀传统,继续保持它在国内法学教育的领先地位,使法学院成为受人尊敬的法学院。把"一流"的指标一项项地落实下来是不容易的,但在日常工作中,我们要把"一流"的目标作为一个过程来理解,按照自己的理念一步一步地推进。

为了建设"国内领先、国际一流"的法学院发展目标,我们首先为教师们营造自由宽松的学术环境,为学生的发展提供更好的环境与条件。同时,要积极拓展发展空间,整合院内的学术资源,建构学科之间相互沟通与交流的机制,强化法学研究的"问题意识";突出学生的主体意识,扩大学生的参与,让学生创办具有影响力的学术刊物;设立国际(内)讲座教授席位,打造最高水平学术平台;与其他学院"强强联合",建立双学位培养机制;加强对外交流的力度与层次,提升法学院的国际性等。

法学院是大家共同的家园,我们拥有人大法律人的学术共同体。我相信,只要我们认真地对待法学院的每一项工作,尊重法学院的每一位老师,爱护法学院的每一名学生,法学院会拥有更加美好的未来。

韩大元院长访谈录[*]

杨锦璇

韩大元教授不仅是著名的宪法学家,学术成果丰硕,而且担任国内最著名的法学院之一——中国人民大学法学院的院长。他任职院长后,进行了一系列卓有成效的工作:知识产权学院、律师学院两个二级学院先后揭牌成立,对学术委员会、学位委员会进行改革,成立教授委员会、学科委员会等。韩大元教授提倡学术工作的非行政化,突出学者作用,充分尊重和保障学者们的主体地位。他宽容、低调、有远见的人格魅力和以人的尊严、自由为根本的理念不仅在人大法学院深入人心,也受到法学界的高度评价。

人大法学院是中国法科学生心目中的法学圣殿,《法学家茶座》在法科学生中也深有影响,因此,作为人大法学院的院长,《茶座》非

---

[*] 本文载何家弘主编:《法学家茶座》(总第34辑),山东人民大学出版社2012年版。

常有必要对韩大元教授进行一次访谈,以便广大法科学生通过了解韩大元教授及他的学术思想、治院理念,更好地了解人大法学院。为此,笔者于2011年12月18日对韩大元教授进行了采访,限于篇幅,本文选取具有代表性的三个方面以飨读者。

一件逸事

问:在法学界,您的研究领域主要是宪法学。据说您从大学二年级时就受1982年宪法颁布的影响和同班级几个同学组织了一次公民宪法意识调查。当时是怎样一个背景?

答:1980年9月,我考入吉林大学法律系。入学时,第五届全国人大三次会议通过了修改1978年宪法的决议,并成立了宪法修改委员会,宪法修改问题在国家社会中开始成为人们关注的热点。1982年12月4日,新宪法颁布,全国掀起学习、贯彻宪法的热潮。当时我还是大学二年级学生,虽然学过一个学期的宪法课,但对宪法问题缺乏系统化的专业和理性的认识。不过,生活中的宪法与民众对宪法的信仰开始影响我的大学生活和学术兴趣。新宪法颁布实施后不久,记得是1983年6月,我组织班级同学进行了一次公民宪法意识调查,发放了800多份问卷。

问:您当时组织公民宪法意识调查的想法是什么?调查结果发表了吗?

答:当时的想法很简单,就是想了解民众是如何看待宪法的,是如何关心宪法实施的。这次调查结果虽然没有公开发表,但深深地影响了我的学习和之后的人生历程。

问:通过调查,您有什么发现和收获?对您以后的学术研究有什么影响?

答:通过调查,我发现轰轰烈烈的宪法宣传与实际生活中的民众宪法意识之间还有距离,现实的宪法世界并不像书本中的宪法世界那样"美好",这促使我关注实践中的宪法问题。此后,我选择"违宪"概念作为本科学年论文题目,1984年大学毕业时以"美国司法审查制度探讨"为题撰写了毕业论文,由此开始了宪法学的学习与研究之路。后来,我又在日本、美国等国家做访问学者,进一步拓展了我的研究视野。

问:法学研究是一件非常严谨的学术活动,宪法学恐怕是法学研究中最严肃的学科了。那么,在法学研究、教学教程中有没有让您印象比较深的一件事情?

答:你说的对,宪法学是非常严谨同时充满专业精神的学科。我给学生讲课时都会讲到宪法学的两个特点:一是"入门容易,深造难",二是"越学越觉得自己的无知"。要理解宪法,我们首先认真对待宪法文本。我在课堂上经常拿着不同国家的宪法文本,以文本说明价值与事实,但多数学生还是不习惯看文本。有一次上课,我要求学生工整地抄写中国宪法文本。

问:抄写中国宪法文本?那学生理解您让他们抄写的意图吗?

答:刚开始有的同学不清楚老师的意图,但是写完后,他们说,抄写宪法文字时似乎感受到一种自豪与责任。我现在还保留着同学们抄写的宪法文本。有一次见到一位已经毕业的同学,她跟我说,抄写宪法文本的经历一直影响着她,让他懂得为什么要认真对待共和国的宪法。

一项成果

问:自从您从事宪法学研究和教育工作以来,在各个方面都取得了丰硕的成果。1999年您当选第二届全国十大杰出青年法学家,2007年10月当选中国宪法学研究会会长。一路走来,作为著名宪法学家,您的学术研究硕果累累;作为一位法学教育工作者,您传道、授业、解惑,桃李满天下;作为国内最著名的法学院院长之一,您领导下的法学院社会影响越来越大。请问您取得的最让您满意的一项成果是什么?

答:我从事宪法学教学和研究工作已经有20多年了,取得了一些成绩,但很难说哪项是最满意的,如果现在已经完全满意了,那可能就意味着没有学术发展的空间了。无论是做学问、教书育人,还是做法学院院长,我的一个基本看法是,做学问要有责任与信念,要有对历史事实的虔诚态度,不能有半点功利的因素。我个人觉得,在学术上相对满意的成果,是对包括1954年宪法在内的中国宪法发展和学说史的梳理。

问:为什么这一项成果相对来说让您满意?它对您来说意味着什么?

答:一部宪法往往是一个国家宪政发展的起点,研究宪法制度必须回到历史的原点。我在研究中发现,宪法制度比较发达的国家往往非常重视本国制宪史,不仅整理了本国制宪、修宪的档案资料,而且积累了大量的制宪史方面的研究成果。去国外访问的时候,我也有意识地参观他们的宪法纪念馆。他们对宪法发展史文献的整理和重视,让我非常羡慕。

自1999年起,我开始寻找1954年宪法的史料,通过不同渠道收集了各种档案资料、回忆录、文章与著作等,还采访了若干参与1954年宪法制定的当事人或他们的家属。这项研究的成果是2004年出版的《1954年宪法与新中国宪政》一书,并于2008年出版了第二版。

问:最近您对宪法学的关注重点是什么?

答:宪法学说史的研究是我近几年关注的一个重点。如果从1908年晚清政府颁布《钦定宪法大纲》宣布预备立宪、仿行宪政起算,中国的宪法已经有了100多年的沧桑历史,其间各种宪法观点或思想如星辰闪耀,璀璨多辉。

问:那您觉得研究宪法学说史的困难是什么?

答:是不是所有的宪法观点、主张都可以称为学说?究竟什么样的学术观点、主张才可能称为宪法学说?如何认识并重新发现这些学说的当代价值?学说史研究是一项复杂的系统工程,它不仅需要跨学科的知识,同时需要对学术与历史的虔诚与客观的态度。因为没有现成的范本可供参照,一切工作都是筚路蓝缕,从头做起,其史料收集之困苦,学术梳理之辛劳,学说提升之艰难,的确是冷暖自知,难与外人言说。

问:您的最新研究成果是以专著的形式出版吗?什么时候出版?

答:这项研究的成果是我主编的近百万字的《中国宪法学说史研究》一书,入选了"国家社科基金成果文库",即将由中国人民大学出版社出版。

一种理念

问:我们知道,您从1987年于中国人民大学法学院硕士毕业后就开始在人大法学院任教,并于2003年被评为教育部高校优秀教师,2006年获得国家级教学名师奖,这些成就足以让您成为法学学者和教师的表率。从2009年5月起,您开始担任中国人民大学法学院院长职务。请问法学院院长与法学研究、教学工作最大的不同是什么?

答:做人大法学院的"掌门人"需要承受各种压力与责任。法学思维的根本特征就是怀疑与批判,在学术世界中享受独立与自由的价值,而做具有60多年历史和传统的人大法学院院长,我既有压力,又感到责任和使命感,需要付出很多。

就我个人而言,有时会感到学者与院长这两种角色之间的矛盾。学者的角色要求我独立思考,保证学术研究的理性和中立性,而院长则主要是服务者,要用很大一部分时间和精力去履行职责。做学者能有更多时间做研究、指导学生,但是做了院长之后,白天的绝大多数时间我要投入到院长这个角色,学术研究只能在晚上回家或者节假日进行,与自己的学生交流的次数也大大减少。学者们怀天下大事,著道德文章,而院长则要为学者们做好服务工作,个人难免有所牺牲。当然,最主要的不同是思考问题的方式和落脚点,院长必须从学院长远发展的角度着想,继续保持人大法学院的活力和竞争力。

问:现在,中国人民大学法学院的规模和影响越来越大,已经是国内最著名的法学院之一,并开始跻身于世界一流法学院行列。请问您在治理这样一个被誉为中国法学教育的"工作母机"和"法学家、法律家的摇篮"的法学院时秉持的最根本理念是什么?

答:在2011年的60周年院庆大会上,我们提出,人大法学院的发展目标是建设成一所令人尊敬的法学院,建设成一所值得所有校友为之骄傲的法学院,并跻身于世界一流法学院之列。我希望人大法学院的师生能够捍卫正义、维护法律的尊严和神圣性,彰显人的理性、主体性以及人在社会中崇高的价值目标。就我所秉持的理念来说,最根本的就是使每一个人的尊严与自由都受到尊重。我始终相信,只要我们认真对待法学院的每一项工作,尊重法学院的每一位老师,爱护法学院的每一名学生,人大法学院就一定会拥有更加美好的未来。

问:您怎样运用您的治理理念来掌舵法学院这一艘母舰,继续向世界一流法学院的前列航行?

答:立国之本是宪法,立人之本是诚信,立院之本是学术,学院治理靠制度。人大法学院的教学以学生为本,教学管理以教师为本,为教学科研提供良好的环境。近年来,我们在治理方式上进行了一些必要的改革,突出学术的主体地位,提出学术与行政适当分离的理念,淡化管理工作的行政色彩,鼓励、支持教授直接参与法学院的管理工作。

问:您能简单介绍下改革的内容都有哪些吗?

答:比如学术委员会、学位委员会聘请资深教授担任主任或主席,成立教授委员会、法硕工作委员会、学科发展委员会、财务监督委员会以及博士生工作委员会、校友工作委员会、本科生工作委员会、外事工作委员会、科研工作小组等机构,提倡学术工作的非行政化,突出学者作用,充分尊重和保障学者们的主体地位。

问:您觉得"一流法学院"应该具备哪些条件?

答:在我看来,要成为"一流法学院",就必须要有值得人们尊重的文化传统,要有一批追求学术的学者,要有承担社会责任的伦理,要有一批优秀的法律人才。换句话说,"一流法学院"的基本要素是:一流的教师队伍、一流的学生群体、一流的科研成果以及一流的图书馆。我们要继承人大法学的优秀传统,继续保持她在国内法学教育的领先地位,使人大法学院成为令人尊敬的法学院。当然,把"一流"的指标一项项落实下来是非常不容易的。我认为,"一流"实际上体现在日常的每项工作中,应该把"一流"的目标作为一个过程来理解,按照自己的理念一步一步地实现。

"法学院毕业生就业难"是伪命题[*]

记者：您对法学院毕业生就业困难这一问题怎么看？

韩大元（中国人民大学法学院院长）：首先，这个命题是不准确的。虽然，由于法学院数量的增加，对原有的法律人才市场带来了新的竞争，然而，法律服务市场对法律人才的需求仍然十分巨大，所谓的就业难，只是针对大城市、中央机关、大的律师事务所以及东部沿海城市而言，毕业生在这些地方找工作，的确比从前难得多。但是如果到西部、各种企业、一些中小城市去，就会发现，我们的法律人才数量并不能满足需求。就业难只是一个相对的概念，需要综合评价。我们需要考虑的，是法学院学生毕业后就业方向与专业的对口率，这个比率相对下降了，不少学生做的是与法律无关的工作，一定程度上浪费了法律人才。

---

[*] 本文发表于《光明日报》，2010年10月15日版。

记者：司法考试是否对法学院的教学施加了压力？怎样才能避免"为考而学"的弊端？

韩大元：司法考试通过率对法学院的教学设计，以及人才培养模式的设置的确产生了一定影响。我认为，可以把考试和教育结合起来，寻求一种良性互动的效果。不要把司法考试当作指挥棒来看待，不能认为法学院教育就是为了让学生通过司法考试，因为这种认识不符合法学教育的核心理念，也不能沿袭传统做法，完全不考虑司法考试的制度。我们人大法学院的想法是坚持法学教育的核心理念，同时拥有法律的职业精神、法律伦理，成为全面的法律人才。我们需要一定程度上改进教学方法，让学生在学习了法律知识以后，能够参加国家司法考试并顺利通过，这是我们的期望。

记者：当前社会对实用型法律人才的需求会不会影响学校的教学模式？

韩大元：我不太赞成对中国法学院功能一刀切，片面强调职业化，因为脱离了通识教育的职业化，有可能导致培养的人才得不到均衡发展。传统的法学院教学中的确存在重知识、轻实践的教学方式，需要改进。我们目前也有这样的一些尝试，比如人大法学院邀请有实践经验的法官、检察官、律师来到课堂上讲案例，要让同学们了解法律实践工作。也会组织学生到有关单位实习增强学生的实践经验。但是这种探索性的实践教学需要和法学教育的核心价值以及法律职业能力的培养结合起来，不能从一个极端走向另一个极端，否则会造成没有法治灵魂的纯粹技术化人才的出现，这样不符合法学教育的培养目标。

记者：什么样的法律人才可以真正适应社会发展的需要？

韩大元：无论是哪个国家的法学院，都有一个需要遵循的基本规律与培养理念，而这种理念来自于国家法治建设的理念。所以无论多么有特色、个性化、多样化的法学院建设，都需要培养学生的法治理念，以及专业化的系统的法律运用能力。我们应该具有国际视野和全球化意识，不仅要让学生成为一个国家的法律工作者，而且需要培养他们参与国际竞争、参与国际法律业务，成为国际性法律人才的意识，如果仅仅关注本国法治，那么在全球化背景下很难适应社会节奏的变化。简单地说，法律的核心知识、法治的理念、专业化的法律职业、全球化的意识，这是在新的背景下，法学院人才培养需要关注的重点。

做个仍然有梦的水手
——韩大元教授采访记 *

适逢中国宪法学研究会2017年年会在吉林大学举办,我们很荣幸地采访到了参会的吉林大学法学院校友韩大元老师,在这篇采访中,韩大元老师分享了他对于自己研究领域的独到见解,字里行间可见智者光辉;回忆了在吉林大学法学院难忘的求学时光,字字句句可见当时的学风浓郁。下面就让我们听韩老师为我们娓娓道来。

记者:韩老师您好,我们通过新闻得知,今年5月您获得了卑尔根大学的荣誉博士的称号,在授予仪式上,您的致辞中提到,建设一所受人尊敬的法学院是您的追求,在我们学生眼里,您肯定是一位受人尊敬的法学院院长,请问您认为一所受人尊敬的法学院应该具有怎样的特质呢?

韩大元老师:受人尊敬的法学院这个命题,首先是一种价值目

---

* 吉林大学法学院鲍文强采访,汪婷整理。

标与信念。为了实现这个目标,我们所有法学人都应该从价值理念的层次去思考:法学院的存在意义是什么,我们为什么需要法学院?根据法学院历史与人类的经验看,新的思想、新的理念与学术创新往往来自法学院,因为法学院是培育新思想的场所。因此,学生也应以此为目标,当你来到法学院,就应该有志于成为新思想的创造者和传播者。

其次,我们应该认识自身的社会责任。法学院的社会责任在于推动国家发展、引导国家的立法、引导社会的价值观、捍卫社会正义,关怀社会的弱者,如增强对残障人士这样的弱势群体的保护意识,因为基于法学院的理念,我们有责任去关注社会的弱势群体,传播人权的理念。

决定一所法学院是否受人尊重的因素还在于,它培养怎样的法治人才。如果法学院培养的人才能够在推动社会进步发展中发挥重要作用,它自然会得到公众认可;相反,如果法学院培养的法治人才达不到公众的期待、社会的需求,那么也无法实现法学院的存在意义。如果想得到社会的认可,法学院就应该培养优秀的人才。而培养优秀人才的关键是,法学院的学生在接受过法学教育后,能掌握基本的知识、基本的法律素养,不失人文情怀,以及对法治有真正追求。当然,在全球化的大背景下,我们的目光不应只局限于国内的市场,还应放眼全球,拥有国际化的视野,有参与全球市场竞争的能力,尤其是在国际法律服务市场一体化的背景下的参与能力,比如在联合国各种机构、全球的法律服务行业、全球的律师事务所中,中国法学院毕业的学生占多大比例,特别是在人权、环境、食品安全以及非物质文化遗产保护等人类面临的重大问题上,要有能够贡献一份力量的学生。

以上是我心目中受人尊敬的法学院的特质,它意味着一个不断优化的过程,也是人大法学院的不断追求的目标,我们所做的一切努力,都是为了实现这个目标与理念。

记者:韩老师您刚刚从学院的角度谈了如何打造一个受人尊敬的法学院,如果从学生的角度,要怎么做才能与一所受人尊敬的法学院相衬?请您谈谈对当代法学学子的希望与要求。

韩大元老师:以前常常给学生讲,为什么人类最早的知识体系是由法学、医学与神学构成的?大概1000年以前,在意大利博洛尼亚,最早的大学里除了这三个专业之外没有其他的专业,我们可以发现,最早的这三个专业的核心理念都是"人"——医学,解除你身体的疾病,你才能获得幸福;神学,为了能让你的灵魂得到安宁,需要保障你信仰的自由;而法学的存在,解除社会的病,以保障人们的自由和幸福的最终实现。人在物理世界、精神世界以及社会中,最终需要获得的是尊严,而尊严的获得,需要法学知识的支持。医学中获得身体的安康,神学中获得灵魂的安宁,都需要法律的支持与保障。所以法学的伊始,并不是作为规则出现的,而是作为人所追求的最高哲学与价值理念出现的。在这个意义上,我们法学院的学生,当初在众多的专业中选择了法学,就应该具备一种天然的人文关怀。法科学生的任务,就是为了让所有人都能有尊严地、自由地、体面地生活。所以,从学生的层面,受人尊敬的法学院能实现你对于法治的追求,必须具备人道、人文关怀以及人的尊严的追求。这是内心的一个追求。全球有众多的法学院,它们有着不同的传统、不同的文化、不同的历史,但核心的价值理念是相同的。如果不弘扬人道精神、人文关怀,就很难成为受人尊敬的法学院。

第二个是根据我自身在吉大法学院读本科的经验,如果想要与受人尊敬的法学院相衬,我们在知识和能力之间,应该选择能力。就是要培养自己维护人的尊严与自由的能力,与这个相对应的是法律人的思维方式的培养。知识固然不可或缺,但对于我们吉大法学院的学生来说,更重要的是思考法律问题的方式和能力。

第三个,我认为法学院的学生应该摒除功利因素的影响,培养一种公益的理念。从世界范围来看,法学院的学生参与公益活动算是最多的,无论哈佛还是耶鲁,法学院的学生都会到贫困地区参与公益活动,当他们回到课堂时,他们会更加深刻地理解老师所讲的正义、平等与公正等概念的真正内涵。我们看到非洲的儿童,因为地区的冲突、战争而遭受的苦难,应该更加坚定地树立我们学习法律的最终目标,即消除社会的不平等,让所有人都能有尊严、自由、体面地生活在和平的世界里。总而言之,公益应该也是法学院学生学习的一部分,并且公益应该排除功利色彩的影响。因为当公益与功利结合在一起,它就不再纯粹。但在现实生活中我们看到,我们有一部分学生带着功利心去做公益,这样是很难成为与受人尊敬的法学院相衬的学生的。法学院的学生应尽可能排除社会的功利对自身的影响,通俗地讲,就是不算计、不计较,要有大格局,这应该是作为一个法学生所应秉持的重要理念。

第四个,我认为,在这样一个互联网、信息化的时代,在技术理性与个人理性之间,我们应选择个人理性,而不是钻进技术理性中去,否则,你心中的价值理念和理想都会受到影响,你可能会因此怀疑很多东西,怀疑自我的理性。而法学院的学生,应该看到信息化时代高度发达的技术带来的新的社会不平等,技术非理性带来的人类困惑与焦虑,要用法律人的理性消除技术带来的不平等。一个法学院的学生想要成为受人尊敬的法学共同体里的一员,我认为应该具有作为个体的上述特质与品质。

记者:您1980年进入吉大学习,相比现在,可能那个时代的学生对于知识的追求更加纯粹。您能不能回忆一下,在吉大的四年学习,对您的学术生涯有怎样的影响?

韩大元老师:我之前给吉大法学院同学们做了一次讲座,主题是"我心目中的吉大法学院学术传统",我觉得不同时代有不同的文化,对学生有不同的影响,但是不同时代的多样性不能改变其价值的同一性。无论是哪个时代,是30年前还是现在,我们在法学院感受到的价值是一样的,只是价值的载体与形式发生了变化。

今年正好是我从事教学工作30周年,最近我也写了一篇回忆的文章。我是1980年9月到吉大读本科,1987年在人大留校任教,后来还读了博士,也去了日本京都大学、美国哈佛大学等做访问学者,在讲座中我回顾了自己在吉大的四年本科生活。我们入学的80年代初,中国改革开放刚刚开始,很多专业比如经济法、国际经济法、民商法等在当时都是很时髦的,但我昨天跟徐显明副检察长聊天,发现吉大人的气质里浓郁着一种与众不同的思考。

80年代,大学生活是比较艰苦的,不像现在,我们每个月只有35

元的补助,每个月大米是限定一斤,饺子一个星期只能吃一次,还得提前发票,想吃的东西吃不了,但我们心中仍然有对学术求知的热情。当时我们一个宿舍有13位同学,在北区七舍,我们常常一起讨论学术,谈论理论。当时1981年、1982年,我们谈理论的动力是来自课堂,当时配备给我们的老师都是一些老先生,宪法、民法、法制史、思想史,各科的老师都传递给我们知识的力量与法学的魅力,我们听完课就讨论,在这种氛围下,吉大的学生天然地就喜欢并擅长理论的辩论,不仅着眼于现在,还考虑未来的发展与变革。当时没有手机没有电脑,获取信息的途径很少,但是因为当时吉大注重基础理论,强调理论思考,加上老先生们的敬业与风范,使得我们在信息相对贫乏的狭小世界里,仍然拥有强大的内心世界。当时我们写的一些东西已经比较成熟,我写的第一篇发表的学术论文就是在学年论文基础上修改的,那个时候还要求写学年论文(记者:我们现在也有),我写的题目是违宪的概念,因为当时宪法颁布,理论的思考与国家命运是密切相关的。我当时想的是,违法有构成要件,犯罪有构成要件,那么违宪有什么要件吗,比如主观要件、客观要件之类的。那时候我是大二,开始思考这个问题,并把思考的结果以学年论文呈现出来。在我毕业的时候,宪法已经颁布了两年多,那么宪法怎样保障,我的毕业论文就写美国的违宪审查制度,为此基本上看完了吉大图书馆所有可以参考的书,虽然图书馆里的书数量非常有限。写完了这两篇文章,我还没有去人大法学院报到,毕业论文就发表在武汉大学的《法学评论》上,当时是1985年(记者:才四年级!),另一篇有关于违宪构成要件的论文则发表在上海的一个学术杂志上。学年论文、毕业论文都发表在比较好的杂志上,对我这个刚刚大学毕业,准备读研究生的学生而言,给了很大自信。现在看来,我们本科阶段所思考的违宪概念、违宪审查到现在也是大家讨论的命题。可以看出,吉大的每一个课堂,都让我们燃烧着对理论的追求。当时我们看的一些书,包括马恩的全集、列宁的选集,我们边读边做大量的笔记、卡片。很重要的一点是,虽然吃得差一点,穿得也很朴素,但大家在宿舍里、走在路上都会讨论学术问题,所以,本科四年,吉大对于我们的培养,确实给我们未来的学术发展产生了很大的影响。

我今天在年会的开幕式上提到,在北京的政界、法律界、法学界、律师行业里,很大一部分人才都是吉大培养出来的,比如中华律师协会的会长、金杜律师事务所的创始人王俊峰律师,王律师是我们的同学,当时律师制度刚刚建立,市场并不看好,但他去了中国国际贸易促进委员会,不到两年就出来,与另外两个同学创办了金杜律师事务所,现在金杜已然成为全球顶尖、国际化的律师事务所。还有我们最高法院的副院长、全国人大的部级以上的一些领导干部以及法工委的主任等,学界的张文显、徐显明、郑成良教授等,只要是从吉大毕业的,都在自己的专业领域有一定建树。

吉大这种法学教育的背后,我个人认为,首先是一种宽松的学术自由在推动着。其次,吉大法学院始终强调基础理念、基础概念,因为这两者的潜在作用是非常强大的,当初我们谁也不知道30年后会有人工智能问题,老师也并没有告诉我们会遇上这些问题,但老师给了我们一种概念、一种理论、一种思考问题的方式,我们可以通过本科积累的理论知识来客观地、理性地分析人工智能的问题,知道怎么应对、怎么分析这个问题,如果没有这种基础,当我们遇到新的问题,我们会盲目地追求技术理性,觉得信息化万般好,而忽略了它可能带来的负面影响。所以吉大的毕业生,面对任何新的问题,都能客观地、中立地、理性地思考问题,明白任何问题都有两面。而法律人的使命,并不是追求已经展现的、积极的事物,法律人始终发现并追求消极的方面,思考怎么样消除科学技术带来的负面影响。因此,本科的基础知识是十分重要的,我始终认为吉大不能放弃学术自由,不能放弃基础理论。特别是现在法学教育强调职业教育及实践能力是对的,但在它们背后,基础理论是不可或缺的,不要把两者对立起来,不要人为地追求实践能力、动手能力而忽略了我们吉大已经积累了几十年重视基础理论的优良传统。

可能也因为20世纪80年代是一个激动人心的时代,改革开放需要建立新的法律秩序,人民对未来的法治有强烈的期待,所以当时法学院的学生很有责任感。宪法刚刚颁布,国家各项事业都在快速发展,条件艰苦,但我们认识到这种责任,回应这种期待。现在进入了新的时代,这种价值观应该还是不变的,法学院的学生应该始终充满着理想、充满着责任。如果放弃了理想和责任,也许你能挣得很多钱,当了高官,但你作为法学院的学生,这样的一种特有的社会责任感就无法体会。我们那个年代大部分的人都体会到了这种责任感,并且一直延续到今天。

记者:韩老师您在前一个问题里提到,在80年代,宪法颁布不久后,还处于本科阶段的你就对宪法产生了浓厚的兴趣,这是出于一种怎样的机缘?

韩大元老师:这个机缘就是,我们本科第一年的宪法老师,我的宪法四位启蒙老师之一,张光博老师,一堂宪法课上的一句话,就让我萌发了做学术的想法,并且决定在法学的知识体系里选择宪法作为自己的研究方向。所以,你看,我第一个学年论文写的就是宪法,考研究生的时候也没有动摇过,就是一心想考宪法专业。可以看出,本科阶段的教育是多么重要,张老师给我们上宪法,讲了宪法的概念、宪法的历史,但他的教学,能够把人的灵魂、宪法价值和规范的宪法世界联系在一起,因为他本人既是宪法学者,又是法理学者和政治学者,并且都很精通,可以把宪法的这样一个抽象概念引入到法理学世界中,赋予它正义的元素,把正义的元素又引入政治学世界中。他的理论一开始就具有一种张力。他曾经有一个比喻,把宪法比作一栋房子的地基,一栋房子盖得再漂亮,如果地基不牢固,也是不稳固的。因此,无论是房子还是国家的建设,都需要把地基建好。也就是说,一个国家只有把宪法制定好、实施好,在这个基础上建构法律、制度以及价值体系,才能获得长久的稳定。

张老师在课堂上也举了许多日本的例子,因为他在给我们上了1个月的宪法课后,去日本出差了3个星期,大概是在1981年的12月,我们学院的另一个宪法老师韩老师给我们代了3次课。在他回来之后,给我们讲了日本法治发展情况,他说日本战后的快速发展,依靠的就是日本宪法的第九条和平条款。和平条款使得当时日本与原来的军国主义化了清楚的界限,不得不走向了和平的道路。日本人民在第二次世界大战中也曾遭受巨大的苦难,但有了和平宪法之后,走向了和平,经济迅速发展,人民的生活水平也大幅提高,中国如果坚持宪法,按照宪法来发展,中国也会和20世纪80年代的日本一样(那时日本的军国主义势力还没有抬头),人民安康,国力富强。因此宪法对国家发展是十分重要的。

另外,虽然张老师没有直接参与1982年宪法秘书处的工作,但他作为吉大法学院宪法学部最有名的老师,经常参与一些相关研讨,也会在课堂上提供一些宪法修改委员会的讨论背景。可以说那时候给我们上课的每一个老师都非常优秀,使得每一个学科的课堂都非常精彩。但我个人更喜欢宏观的思维,因其能够从国家建构上认识开放的知识体系,所以比起刑法、民法,张老师给我们讲的关于国家的建构的宪法,是一个国家法制的基础,对我而言更有吸引力。我想,既然选择法学,为什么不选择宏观的、能够建构国家法制体系的一个学科呢。那时候选择宪法更多的是一种纯粹的喜欢,而不是一种体系化的思考。因为喜欢宪法,喜欢看宪法方面的书,才有后来的学年论文和毕业论文,才会有从1984年到现在,30多年的时间,一直从事的都是宪法学研究。

记者:我想您的选择可能也与当时大的格局有关,当时的大格局,加上您喜欢从宏观的角度看待法律问题,两者合一,便是一种机缘。我记得今年9月,第十二届全国公法学博士论坛也要在吉大召开,那您对于这一代年轻的公法学者或者说宪法学者,有什么学术上的建议或指引?

韩大元老师:我觉得从事公法学,无论是宪法学还是行政法学的研究者,一定得有在价值与事实之间寻求平衡的能力。如果过分地追求价值,那么有的时候我们所追求的价值是苍白的,因为它不具有现实的张力;如果过分地陷入事实,又会失去价值的指引,会觉得现实中缺乏价值的格局。所以,在规范世界与价值世界中,我们要寻找一种平衡,从而让规范与价值、理想与现实、法律与政治能够自由地、理性地对话。而这种对话的平台与纽带,就是公法学,或者说主要是宪法学。

那你怎样既熟悉规范世界又熟悉价值世界,如何把价值与事实联系在一起,如何把规范与价值、法律与政治自由地连接起来,走在两个世界的体系当中而不迷失呢?我的思考是,应该大量阅读规范与现实的文献与书籍,所以比起其他的学科,比如诉讼法学(当然,诉讼法也很重要,诉讼法是公法的一部分,我们公法的价值具体化就是刑事诉讼法、民事诉讼法、行政诉讼法,这些不能完全分离,应该是一体化的),知识的积累对于公法研究者来说,要求更高,如果你没有做好这样的知识储备而进入公法的研究领域,要么会陷入封闭的价值主义立场,要么会陷入功利的现实主义立场,而这些对公法学研究是不利的。

第二个,我觉得公法学者应该既有坚定的法治的理想,又有建构性的思维方式,因为公法的世界与秩序的建立是需要一个过程的,它是在文化相对主义的背景下建立的,而不是基于一种文化建构的。我们不能沉浸在理想的状态,特别是在中国,从事公法学的研究,我们需要一些建构性的思维方式,这样才能既追求理想,又能建设性地参与到公法秩序的建构,真正推动公法学的发展。

第三个,依照我的经验,公法的世界是四种知识的一体化,一个是历史,一个是文本,一个是解释,一个是现实的个案。在法学体系中,有些学科,你需要熟悉规范,然后把现实连接起来,而有的学科,只需要有一个比较系统的解释基础,比如刑法,因为它更多的是一种现实规范,而不是价值规范,是相对确定的。对现实中发生的案子,我们找到合适的刑法条文,条文里的规范大部分都是确定的,我们按照规范处理就可以了。当然,还有一些解释是通过修正案、司法解释的方式实现的。

总体来说,刑法规范所要求的解释技术与宪法解释相比较为单一。比如说,刑法规定,审判期间,怀孕的妇女不执行死刑,如果只是看刑法规范,直观的理解就是如果你怀孕了,就不能执行死刑,但从宪法的角度,你如何解释"审判"?这时,我们做出的是一个扩大的解释——侦查、起诉到审判时怀孕,价值理念是相通的,都不判处死刑,即使在审判前流产了,无论是人为的还是自然的流产都在规范保护的范围内,即使是你为了杀某个人而怀孕,听上去罪大恶极,但因刑法规范体现着宪法的价值理念,即使你罪行恶劣,也是法律保护的对象,这体现的是一种人文关怀。

从公法的角度看怀孕的妇女这个例子,为什么我们要保护怀孕的妇女?首先,历史上我们经历了野蛮的时代,现在进入了文明的时代,妇女怀孕应当得到人文的价值关怀,这要与她实施的罪大恶极的行为分开来看,人文关怀的价值高于罪大恶极的行为造成的结果。其次,不管我们承不承认胎儿生命权利的保护,胎儿都是无辜的,既然我们是一个文明的国家,文明的社会,我们就应该为为未出生的胎儿采取保护措施。从历史上看,这样规范的出现,是人类文明的体现。再有,对于刑法规范,我们怎样引入我们宪法的一种价值理念,如何尽可能对它进行扩大解释,我们现在有关怀孕的条款有十几项,最近我们还在讨论,如果变性人怀孕,相同的情形要不要同样地予以保护。按照宪法价值一体化,还是可以保护的。

记者:在上一个问题中,韩老师您回顾了你在吉大本科四年的学习经历,那在学习之余,韩老师您有没有什么印象深刻的事情?

韩大元老师:80年代的青年天然地对浪漫有一种追求,那时候学法律比较单调,我们就会去中文系听课,把规范的法律世界与他们所追求的浪漫、人性、爱情结合在一起。当时我们的活动比较少,13人一个宿舍,大家上课完在一起讨论,或者就在图书馆里看书,或者班委会组织大家旅游,记得去过吉林。老实说,除学习和学术活动之外,给我印象深刻的还是比较少的。(笑)

记者:看来韩老师一直是学霸型。

韩大元老师:(笑)不过我想起来,我那时候是参加法律系和学校的足球队,一个星期有一天半要训练,与同学踢球是最有意义的一项活动,那时各系都有足球队。在学习之余参加足球队踢足球,让我们锻炼了身体;和班级同学一起参加足球比赛,让我们学会了团体精神,确实留下了美好的记忆。

至于现在很多大学生遇到的爱情苦恼,我们确实没有,因为当时教育部规定,大学生不能结婚,而在当时法律系的新生教育中,特别强调不提倡大学期间谈恋爱。当时的学生是很听话的,也很单纯。组织上不让做的事情是不做的,宁可牺牲爱情。我们自觉地把教育部的规定也看作一种应该遵守的规则,所以我们当时确实没有太多的爱情经历。后来,我在人大法学院当院长之后,我在开学典礼上,告诉学生的第一件事就是在大学期间要学会谈恋爱,把它作为人大法学院学生的人生必修课。谈恋爱是一种生活体验,如果你谈恋爱成功了,两个人成为了终身的伴侣,你就在这个过程中学会了法律人的情感与责任,即使是分手了,你也收获了人生难忘的经历。特别是男生,谈了恋爱后才能真正成熟。

在吉大当时的环境下,我们把大部分的时间投入学习中,也有一部分原因是当时没有其他事情可以做(笑),但学习之外我们会做一些社会实践与调查。记得在1982年宪法颁布后,我们几个同学做了宪法意识问卷调查,我们做了600多份问卷,主题是公民的宪法意识,我和我的同学,在长春的郊区发放这些问卷,最后收回了300多份,本来是想发表这次问卷调查的研究成果,但后来来不及发表,这是印象比较深的。后来这个未发表的遗憾也在2015年弥补了,我在《中国社会科学》上发表了一篇《中国社会60年变迁中公民宪法意识》,其实发表这篇文章的动因,就是在本科二年级做那次问卷调查时埋下的。然后,每五年我都会和博士生做一个中国公民宪法意识变迁的问卷调查,一直在坚持,差不多做了有30年。我也记不起当时为什么有这样一个想法,特别是当时信息不太发达,也没有邮件,只能印纸质的,写信给我的高中同学,拜托他们帮忙发问卷。当时很多路人也不愿配合我们,我们只能苦口婆心地跟他们解释我们的调查理念和目的,麻烦他们花上几分钟的时间填我们的问卷。当时也不像现在可以进行有偿问卷调查,因为每个月只有30多块钱。还好,有一些热心的人愿意配合我们。我现在还在想,为什么会萌生这个想法,多半是吉大法学院教给我们的成熟的思考。直到现在,关于中国公民宪法意识的问卷调查、研究和相关文章也不是很多。这次问卷也为我后来与博士生们一起做后续问卷调查和研究奠定了基础,因此给我留下很深刻的印象。

还有一件事情是关于当时的娱乐活动。1980年我来吉大法学院之前没看过电视,大概1981年的时候,大家都在看霍元甲的电视剧,因没有电视,我就去班主任马老师家里看,当时马新福老师是我的班主任,前天我还去他家里看望了他,他现在已经76岁了。1981年那时候,他家里的房子很小,大概只有12平方米,但他家里有一个小的黑白电视机,他就请我们几个学生去看,那是我第一次电视。马老师是一位非常好的班主任,那么小的房子,请我们去看电视,还给我们做饭吃。所以每次到长春,我都会去看看马老师和师母,他们在学习和生活上给予了我们很多关怀,包括现在,吉大法学院的老师们也特别爱护学生。

上次吉大法学院原党总支书记聂世基教授在北京去世,我没想到,遗体告别的时候,很多在北京工作的吉大校友参加遗体告别,包括司法部长张军在内的20多个省部级干部,以及很多毕业于吉大法律系的学生,去八宝山送别聂老师。本科的时候,聂老师是法律系的总支书记,这种30多年前的感情,让我们特别怀念聂老师。这就是吉大法律人的精神和情怀,它有一种强大的凝聚力。所以本科四年,我们看了很多书,做了很多笔记卡片,但没谈过恋爱,在学习之外的生活或许也有一点单调,但对于我而言还是十分珍贵的时光。

记者：那韩老师您现在在工作之余，有什么爱好或者说解压的方式？

韩大元老师：你这一问我倒想起来，在吉大读本科的时候，我已经形成了自己固定的锻炼身体的习惯——每天早上六点钟，从学区楼跑到南湖，再跑步回来，冬天也坚持，顺便在外面念20分钟外语。跑步这个习惯跟随着我直到现在，已经坚持了快40年。我现在大概六点十分起来跑步，跑出汗之后去冲澡，并且每周去游泳，我把跑步锻炼身体当作一件快乐的事，这也是本科生活中形成的习惯。

同样，因为在吉大读本科的时候踢足球，我在人大读研究生以及当教师的时候，十年了，一直在踢球。不知道你们有没有看到那条新闻，是我跟毕业生们踢球，学生拍的照。我踢了全场，虽然也摔了，但在这个年纪，对我还是挺不容易的一件事。但是学生们毕业嘛，我在吉大的时候自己也踢足球，就想着和他们踢一场，然后晚上请他们喝啤酒，就和朋友一样，喝啤酒一起热闹，喝酒后大家都是朋友，拉近了师生的距离。

现在很多生活习惯和方式都是大学时候形成的，我现在有时间也见见大学同学和朋友，一起喝喝酒，包括前几天和在长春的10多位同学聚会，虽然距离本科已经过去了30多年，但大家每次见面都很亲切，玩得也尽兴，所以我很怀念大学的生活，感恩吉大给予我的教育，吉大精神始终伴随着我的生活。

结语：每个从吉林大学法学院走出去的法律人都是驾船行使在海面上的水手，和所有怀揣梦想的法律人一样，我们的征途是星辰大海，而无疑老故事里的主人公已经行得很远，已然是后辈学子敬仰的榜样，但文字就像锚，轻轻一掷便带我们回到老故事发生的起点——那里有一群正值韶华的学生，他们在课堂上求知若渴，在图书馆里读书破卷，在学术上唇枪舌战；他们才华已露却不自知，他们有理想有追求有情怀；他们如今在各自岗位上孜孜汲汲，让这世界成为更好的世界。

而我们后辈学子虽尚且稚拙，也要和他们一样，在这名利缭绕的世界里，做个仍然有梦的水手。